庞保珍（右）拜见首届国医大师邓铁涛（左）

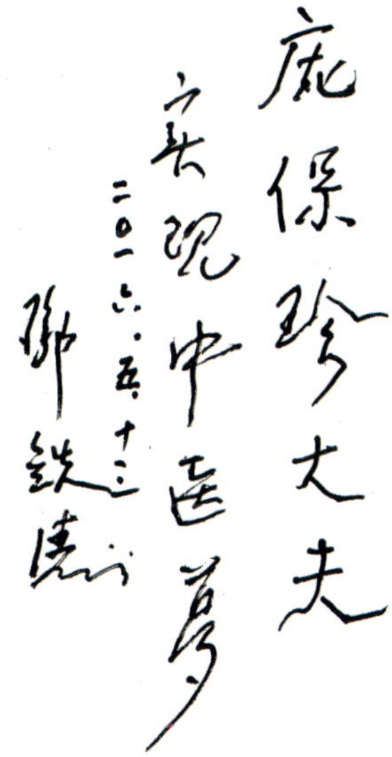

国医大师邓铁涛为庞保珍题词

庞保珍（左）拜见首届国医大师李振华（右）

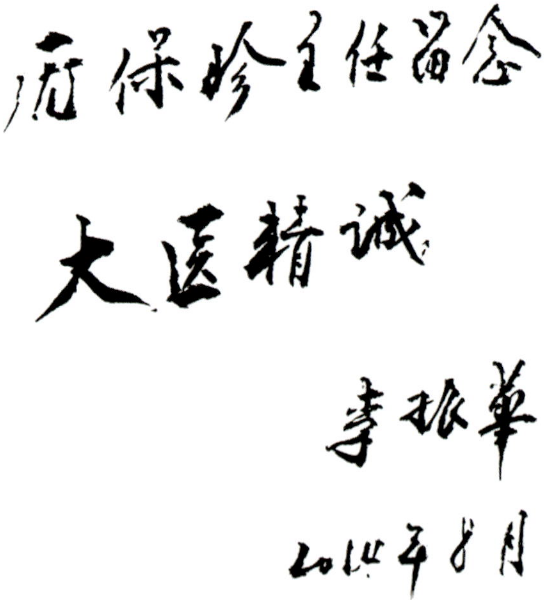

国医大师李振华为庞保珍题词

庞保珍（左）拜见首届国医大师李济仁（右）

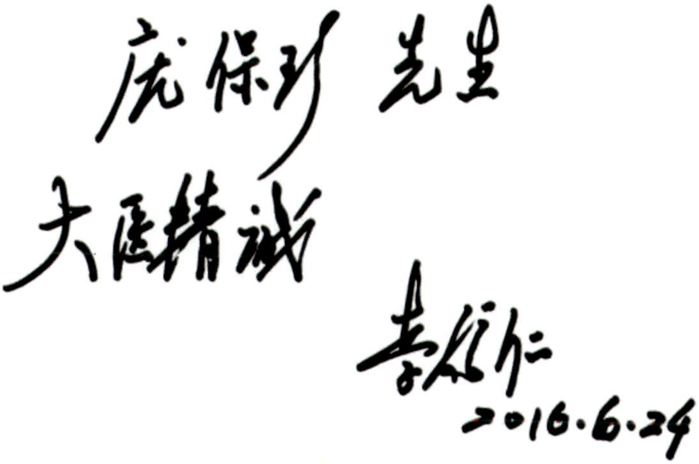

国医大师李济仁为庞保珍题词

庞保珍（左）拜见国医大师夏桂成（右）

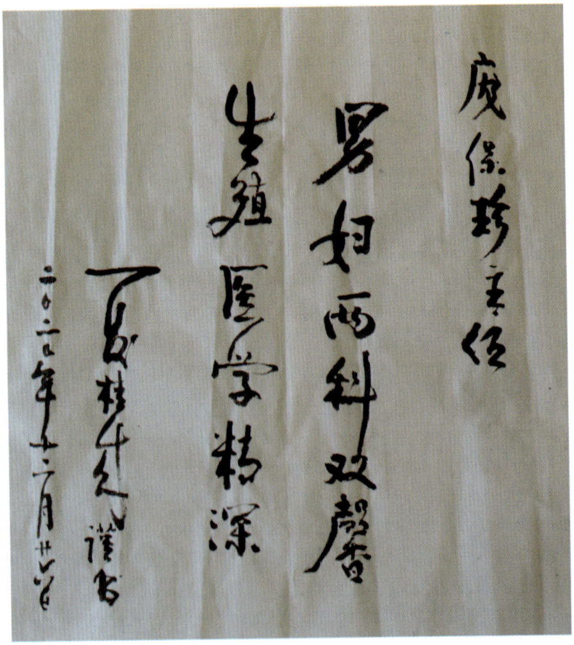

国医大师夏桂成为庞保珍题词

庞保珍（左）拜见国医大师许润三（右）

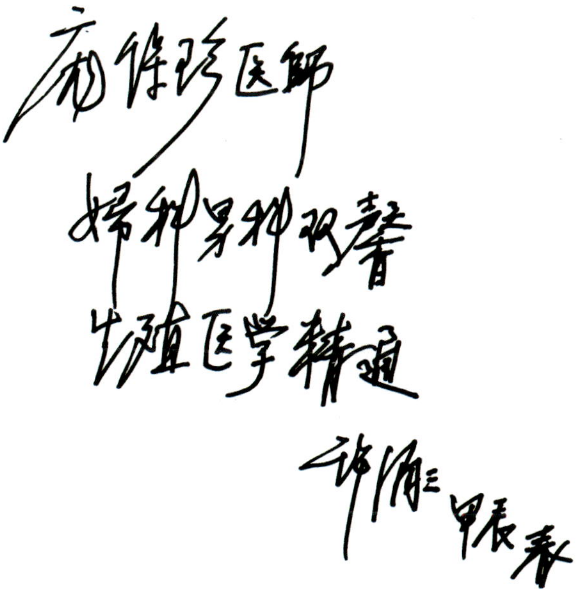

国医大师许润三为庞保珍题词

庞保珍（左）与恩师、国医大师柴嵩岩（右）合影

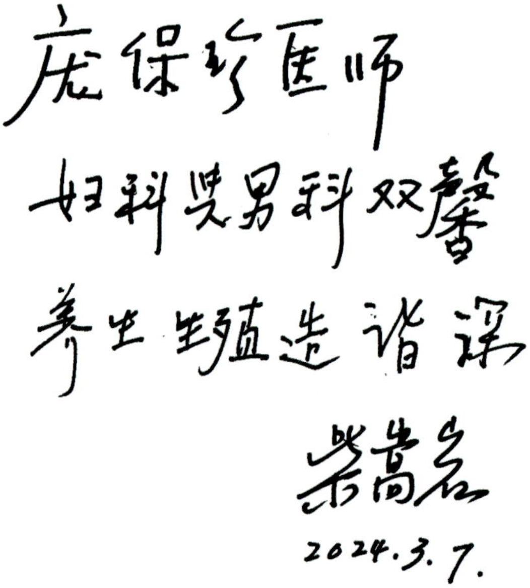

国医大师柴嵩岩为庞保珍题词

健康生活指南

庞保珍　庞清洋　编　著

中医古籍出版社
Publishing House of Ancient Chinese Medical Books

图书在版编目（CIP）数据
健康生活指南 / 庞保珍，庞清洋编著. -- 北京 : 中医古籍出版社，2024. 9. -- ISBN 978-7-5152-2870-9
Ⅰ. C913.3-49
中国国家版本馆CIP数据核字第2024X4G399号

健康生活指南
庞保珍　庞清洋　编著

策划编辑　姚　强
责任编辑　李　炎
封面设计　蔡　慧
出版发行　中医古籍出版社
社　　址　北京市东城区东直门内南小街 16 号（100700）
电　　话　010-64089446（总编室）010-64002949（发行部）
网　　址　www.zhongyiguji.com.cn
印　　刷　北京市泰锐印刷有限责任公司
开　　本　710mm×1000mm　1/16
印　　张　13　　彩插8面
字　　数　235千字
版　　次　2024 年 9 月第 1 版　2024 年 9 月第 1 次印刷
书　　号　ISBN 978-7-5152-2870-9
定　　价　49.00 元

序一

肥胖、糖尿病、高血压等慢性非传染性疾病的发生与长期的不良生活方式有很大关系，故而又有“生活方式病”之称。其实，古人早已洞见这类疾病及其病因，《吕氏春秋》云：“出则以车，入则以辇，务以自佚，命之曰招蹶之机。肥肉厚酒，务以自强，命之曰烂肠之食。靡曼皓齿，郑卫之音，务以自乐，命之曰伐性之斧。”《黄帝内经》中也曾警示：“以酒为浆，以妄为常，醉以入房，以欲竭其精，以耗散其真，不知持满，不时御神，务快其心，逆于生乐，起居无节，故半百而衰也。”从古至今的医家和养生家都认为，要想健康长寿，首先要养成健康的生活方式。健康的生活方式有助于维持人体正常生命节律、提高免疫力，使人体保持健康，延年益寿；而不健康的生活方式不仅会导致各种疾病，还会影响疾病治疗效果，给人体健康带来严重危害。有鉴于此，庞保珍主任医师于诊病之余，勤于笔耕，精心编著了《健康生活指南》一书。

庞保珍主任医师与我相识已久，我对他颇有了解。他投身中医四十余年，抗志希古，学验俱丰，素以读书藏书为乐，好学勤奋，是一位踏踏实实做学问的中医人，尤其是在养生保健与诊治不孕不育方面有较高的学术造诣，且成果丰硕，被评为山东名中医药专家、“首届中医药科技推广工作先进个人”。

该书是庞保珍主任医师40余年临床工作与养生经验之总结，是一部通俗性、科学性、实用性颇佳的养生保健参考书，故欣然为序。

2023年4月16日

马烈光，中医养生学科创始人。成都中医药大学资深教授、博士生导师、养生康复学院名誉院长，贵州中医药大学中医养生学院名誉院长，《养生杂志》主编，国家中医药管理局“中医养生学”重点学科带头人、中医药文化科普巡讲专家，四川省名中医，世界中医药学会联合会养生专业委员会会长，国家中医药高等学校教学名师，全国中医药文化建设先进个人。

序二

健康生活方式是指有益于健康的习惯化的行为方式。健康的生活方式不仅可以帮助抵御传染性疾病，更是预防及控制慢性非传染性疾病的基础，且可延年益寿；不健康的生活方式不仅会导致传染性、慢性非传染性疾病的发生，还会加重慢性病患者的病情与影响治疗的效果，给人民群众的健康带来严重的危害。聊城市科学技术协会组织指导，庞保珍、庞清洋编写了《健康生活指南》一书，是一件利于推广健康生活方式、利于人类健康的好事。

科研与科普是车之两轮、鸟之两翼。庞保珍主任医师科研与科普双馨，积极投身中医科研与科普 40 余年，学验俱丰，独立完成与主编著作 30 余部，不仅治疗不孕不育、性功能障碍、前列腺炎等妇科、男科病有较高的学术造诣，而且以六经辨证治疗高血压、高血糖、高血脂、心脑血管病疾病、癌症、颈椎病等疑难杂症经验丰富；积极普及健康养生知识，不仅经常到单位、社区、学校科普中医养生知识，而且经常在自媒体普及健康养生知识；积极撰写科普文章。可谓科研与科普成果丰硕，大医精诚，被评为山东名中医药专家、“首届中医药科技推广工作先进个人”；获 2018 年“山东省老科学技术工作者协会突出贡献奖”；获 2019 年聊城市“水城最美科技工作者”称号；获 2019 年“中国老科学技术工作者协会奖”。诊病、科普之余，尚勤于笔耕，近又精心编著《健康生活指南》一书。

本书内容分五章，即第一章基本知识，第二章健康生活方式，第三章健康生活预防伤害，第四章健康生活预防疾病，第五章健康生活延年益寿，是一部通俗性、科学性、实用性颇佳的参考书，故欣然为序。

聊城市科学技术协会党组书记、主席

2023 年 3 月 7 日

前言

健康生活方式是指有益于健康的习惯化的行为方式。健康的生活方式不仅可以帮助抵御传染性疾病，更是预防及控制慢性非传染性疾病的基础，且可延年益寿；不健康的生活方式不仅会导致传染性、慢性非传染性疾病的发生，还会加重慢性病患者的病情与影响治疗的效果，给人民群众的健康带来严重的危害。

健康生活方式意味着要做出有利于健康的选择，但目前有关健康行为的宣传众说纷纭，人们反而无所适从。市场上亦缺乏一本较全面、系统，集通俗性、科学性、实用性于一体的中西医健康养生科普书籍。

为提高全民健康意识，实施“健康中国”战略，落实《“健康中国 2030”规划纲要》《健康中国心动（2019—2030 年）》重要举措，弘扬中医治未病的优势，笔者认为亟有必要为广大人民群众提供一本丰富多彩、通俗易懂、科学实用、具有亲和力的中西医健康养生科普作品。本书皆在传播健康知识、普及健康技能、推广健康行动，积极倡导健康文明的生活方式，让广大人民群众都能采用健康生活方式科学预防疾病，都能为建设健康中国、全面建成小康社会做出应有的贡献。为此，笔者从中西医两个角度科学地、系统地解读健康的生活方式，指导广大人民群众采取健康的生活方式。本书内容分五章，即第一章基本知识，第二章健康生活方式，第三章健康生活预防伤害，第四章健康生活预防疾病，第五章健康生活延年益寿。

本书内容系统、全面，且具有通俗性、科学性、实用性的特点，融中西医健康养生精华于一体，适合广大人民群众阅读。

为提高居民健康意识，培养健康生活方式，提倡健康科学生活，预防疾病与伤害，推进健康中国建设，提高居民健康水平，聊城市科学技术协会提议编写《健康生活指南》一书，并成立了由聊城市科学技术协会党组书记、主席姚清昌担任主任，聊城市科学技术协会副主席潘云霞、孙玉民担任副主任，周正清、赵山担任委员的组织委员会。在本书即将付梓之际，感谢聊城市科学技术协会对本书编写工作的组织和大力支持，尤其感谢姚清昌同志对编写本书的提议与精心指导。在本书编写之际，笔者有幸得到国医大师邓铁涛、李振华、李济仁、夏桂成、许润三、柴嵩岩的题词与指导。世界中医药学会联合会养生专业委员会会长马烈光教授欣然为本书作序。在编写过程中我们查阅了大量古今医籍、专著和医学期刊，采纳或引用了不少学者的研究成果，在此一并致以谢忱！笔者虽欲求尽善尽美，但书中难免疏漏，祈望同道和读者斧正。

山东名中医药专家　庞保珍

2023 年 3 月 26 日

庞保珍简介

庞保珍，男，山东名中医药专家，聊城市中医医院不孕不育科主任医师，著名生殖医学、妇科男科专家。全国首届中医药科技推广工作先进个人（全国评比达标表彰工作协调小组批准）。2017 年 3 月聊城市人民政府授予："水城领军人才 · 杏林名医"称号。被人们誉为"送子观音"。

历任世界中医药学会联合会男科专业委员会副会长、养生专业委员会副会长、一技之长专业委员会副会长、妇科专业委员会、生殖医学专业委员会常务理事；国际中医男科学会副主席；中华中医药学会生殖医学分会、男科分会、养生康复分会常务委员、妇科分会委员；中国性学会中医性学专业委员会常务委员；中国中医药研究促进会妇产科与辅助生育分会常务委员；山东中医药学会不孕不育专业委员会副主任委员；山东中西医结合学会男科专业委员会副主任委员、山东省激光医学会生殖医学专业委员会副主任委员、聊城市科学技术协会常务委员等。

男科与妇科双馨，生殖养生造诣深。擅治男女不孕不育、男女性功能障碍、输卵管阻塞、排卵障碍、前列腺炎等妇科、男科病，尤其擅长于男女不孕不育的诊治与中医辅助生殖；对不孕不育中医外治法有独到而丰富的临床经验；且以医圣张仲景六经辨证经方治疗高血压、高血脂、高血糖、心脑血管疾病、癌症、颈椎病、失眠等疑难杂症经验丰富；对中医养生、易经养生、气功养生等健康长寿之道研究颇深。

勤于笔耕，著作等身。与世界中医药学会联合会男科专业委员会创会会长曹开镛教授主持制订国内第一部中医男科标准。独立完成与主编《不孕不育中医治疗学》等专著30余部，其主编《中医生殖医学》荣获国家科学技术学术著作出版基金资助出版、2019年主编国内第一部《实用中西医生殖医学》，2021年编著国内第一部《实用中医生殖医学》，2023年主编国内第一部《国医大师生殖医学临证经验集》，发表论文180多篇，其中在SCI杂志发表生殖领域论文2篇(位次第一与通讯作者)。获国家级、地市级等优秀学术、科技成果奖10余项。获不孕症领域2项国家发明专利（位次第一）；获“发展中医男科杰出贡献奖”；获2018年度“山东省老科学技术工作者协会突出贡献奖”；获2019年聊城市“水城最美科技工作者”；获2019年“中国老科学技术工作者协会奖”。

健康热线：136 0635 7986

微信公众号：庞保珍优生优育健康长寿智慧讲坛

庞清洋简介

庞清洋，山东大学附属生殖医院主治医师，山东中医药大学硕士研究生，研究方向：生殖医学。导师为全国著名中医妇科专家、生殖医学专家连方教授，尽得其传。庞清洋出身于中医世家，尽得其父山东名中医药专家庞保珍薪传，自幼以读书藏书为乐，勤奋好学，德医双馨，刻苦学习中医古典医著，尤其重视诵读四大经典，深研各家学说，取各家之长，继承中医精华，刻苦学习中医基础理论，夯实了中医基础，同时注意及时吸收现代医学研究的有关科技成果，衷中参西，始终以中医理论指导临床，在继承祖国医学的基础上，努力创新，精益求精，坚持以中医的思维辨证论治，针对病机治疗，突出中医特色。获国家发明专利 2 项，参编著作 30 余部，其中主编著作 5 部，任副主编多部；发表医学论文 37 篇，其中 SCI 论文 2 篇。

目录

第一章 基本知识

第二章 健康生活方式

1

第一章

基本知识

第一节　健康

世界卫生组织早在 1948 年就明确提出："健康不仅是没有疾病和虚弱，而是身体健康、心理健康和社会适应的完美状态。"说明人的健康包含以下三层含义。

一是身体健康，即生理状态良好，人体的各个器官、系统的功能正常，没有疾病和躯体残缺。

二是心理健康，即有良好的个性、良好的处事能力和良好的人际关系。

三是社会适应，即能很好地适应周围的环境和社会生活的各方面，自己的思想、情感和行为能适应社会的变化，与社会环境的要求相一致。

第二节　健康生活方式

广义的生活方式包括人们日常生活中各方面的行为习惯。从健康的角度讲，生活方式指的是人们日常生活中与健康相关的行为习惯。生活方式有一些是有益于健康的，比如合理膳食、适当运动等；也有一些是不利于健康的，比如吸烟、缺乏运动、高脂膳食、不吃早餐等，它们与某些疾病，尤其是慢性非传染性疾病的发生密切相关。健康生活方式就是指人们日常生活中益于健康的行为习惯。

第三节　健康素养

健康素养是指个人获取、理解、处理基本健康信息和服务，并运用这些信息与服务做出有利于健康的决策，以维护和促进自身健康的能力。

第四节 《中国公民健康素养——基本知识与技能》(2015年版)

2008年1月，卫生部发布了第3号公告《中国公民健康素养——基本知识与技能（试行）》，这是国际上第一个有关健康素养的政府文件。

2009年，卫生部妇幼保健与社区卫生司组织公民健康素养水平抽样调查，调查结果显示：中国公民健康素养的整体水平仅为6.48%。

2011年，卫生部在制定“十二五”规划时提出：到2015年，城乡居民健康素养水平由6.48%提高到10%。

为了实现这一目标，卫生部在制定基本公共卫生健康教育服务规范时，把宣传普及《中国公民健康素养——基本知识与技能（试行）》列为健康教育的第一条内容。

2015年12月30日，国家卫生和计划生育委员会办公厅印发了《中国公民健康素养——基本知识与技能》(2015年版)[以下简称《健康素养66条》(2015年版)]，提出了现阶段我国城乡居民应该具备的基本健康知识与理念、健康生活方式与行为、健康基本技能，是各级卫生计生部门、医疗卫生专业机构、社会机构、大众媒体等向公众进行健康教育与开展健康传播的重要依据。

针对近年来我国居民主要健康问题及健康需求的变化，国家卫生计生委组织专家，对2008年发布的《中国公民健康素养——基本知识与技能（试行）》进行修订，编制了《中国公民健康素养——基本知识与技能》(2015年版)，与2008年版相比，《健康素养66条》(2015年版)重点增加了近几年凸显的健康问题：比如精神卫生问题、慢性病防治问题、安全与急救问题、科学就医与合理用药问题等。此外，还增加了关爱妇女生殖健康，健康信息的获取、甄别与利用等知识。

此次修订工作是在国家卫生计生委领导下，由中国健康教育中心负责完成的。根据“总体框架保持不变，更新完善，查漏补缺”的原则，先后组织了近百名专家，历时1年多，经过专家论证、严格循证、广泛征求意见等工作环节，最终完成了修订工作。

《健康素养66条》(2015年版)从基本知识和理念、健康生活方式与行为、基本健康技能三个方面界定了我国公民健康素养的基本内容，是评价我国公民健康素养水平的重要依据。

《中国公民健康素养——基本知识与技能（2015年版）》分为三个部分：第一部分

是基本知识和理念，共25条；第二部分是健康生活方式与行为，共29条；第三部分是基本技能，共12条；总共66条，因此，也简称为《健康素养66条》（2015年版）。

（一）基本知识和理念

1. 健康不仅仅是没有疾病或虚弱，而是身体、心理和社会适应的完好状态。

2. 每个人都有维护自身和他人健康的责任，健康的生活方式能够维护和促进自身健康。

3. 环境与健康息息相关，保护环境，促进健康。

4. 无偿献血，助人利己。

5. 每个人都应当关爱、帮助、不歧视病残人员。

6. 定期进行健康体检。

7. 成年人的正常血压为收缩压≥90mmHg且<140mmHg，舒张压≥60mmHg且<90mmHg；腋下体温36℃～37℃；平静呼吸16～20次/分；心率60～100次/分。

8. 接种疫苗是预防一些传染病最有效、最经济的措施，儿童出生后应当按照免疫程序接种疫苗。

9. 在流感流行季节前接种流感疫苗可减少患流感的机会或减轻患流感后的症状。

10. 艾滋病、乙肝和丙肝通过血液、性接触和母婴三种途径传播，日常生活和工作接触不会传播。

11. 肺结核主要通过患者咳嗽、打喷嚏、大声说话等产生的飞沫传播；出现咳嗽、咳痰2周以上，或痰中带血，应当及时检查是否得了肺结核。

12. 坚持规范治疗，大部分肺结核患者能够治愈，并能有效预防耐药结核的产生。

13. 在血吸虫病流行区，应当尽量避免接触疫水；接触疫水后，应当及时进行检查或接受预防性治疗。

14. 家养犬、猫应当接种兽用狂犬病疫苗；人被犬、猫抓伤、咬伤后，应当立即冲洗伤口，并尽快注射抗狂犬病免疫球蛋白（或血清）和人用狂犬病疫苗。

15. 蚊子、苍蝇、老鼠、蟑螂等会传播疾病。

16. 发现病死禽畜要报告，不加工、不食用病死禽畜，不食用野生动物。

17. 关注血压变化，控制高血压危险因素，高血压患者要学会自我健康管理。

18. 关注血糖变化，控制糖尿病危险因素，糖尿病患者应当加强自我健康管理。

19. 积极参加癌症筛查，及早发现癌症和癌前病变。

20. 每个人都可能出现抑郁和焦虑情绪，正确认识抑郁症和焦虑症。

21. 关爱老年人，预防老年人跌倒，识别老年期痴呆。

22. 选择安全、高效的避孕措施，减少人工流产，关爱妇女生殖健康。

23. 保健食品不是药品，正确选用保健食品。

24. 劳动者要了解工作岗位和工作环境中存在的危险因素，遵守操作规程，注意个人防护，避免职业伤害。

25. 从事有毒有害工种的劳动者享有职业保护的权利。

（二）健康生活方式与行为

26. 健康生活方式主要包括合理膳食、适量运动、戒烟限酒、心理平衡四个方面。

27. 保持正常体重，避免超重与肥胖。

28. 膳食应当以谷类为主，多吃蔬菜、水果和薯类，注意荤素、粗细搭配。

29. 提倡每天食用奶类、豆类及其制品。

30. 膳食要清淡，要少油、少盐、少糖，食用合格碘盐。

31. 讲究饮水卫生，每天适量饮水。

32. 生、熟食品要分开存放和加工，生吃蔬菜水果要洗净，不吃变质、超过保质期的食品。

33. 成年人每日应当进行 6 ～ 10 千步当量的身体活动，动则有益，贵在坚持。

34. 吸烟和二手烟暴露会导致癌症、心血管疾病、呼吸系统疾病等多种疾病。

35. “低焦油卷烟”“中草药卷烟”不能降低吸烟带来的危害。

36. 任何年龄戒烟均可获益，戒烟越早越好，戒烟门诊可提供专业戒烟服务。

37. 少饮酒，不酗酒。

38. 遵医嘱使用镇静催眠药和镇痛药等成瘾性药物，预防药物依赖。

39. 拒绝毒品。

40. 劳逸结合，每天保证 7 ～ 8 小时睡眠。

41. 重视和维护心理健康，遇到心理问题时应当主动寻求帮助。

42. 勤洗手、常洗澡、早晚刷牙、饭后漱口，不共用毛巾和洗漱用品。

43. 根据天气变化和空气质量，适时开窗通风，保持室内空气流通。

44. 不在公共场所吸烟、吐痰，咳嗽、打喷嚏时遮掩口鼻。

45. 农村使用卫生厕所，管理好人畜粪便。

46. 科学就医，及时就诊，遵医嘱治疗，理性对待诊疗结果。

47. 合理用药，能口服不肌注，能肌注不输液，在医生指导下使用抗生素。

48. 戴头盔、系安全带，不超速、不酒驾、不疲劳驾驶，减少道路交通伤害。

49. 加强看护和教育，避免儿童接近危险水域，预防溺水。

50. 冬季取暖注意通风，谨防煤气中毒。

51. 主动接受婚前和孕前保健，孕期应当至少接受 5 次产前检查并住院分娩。

52. 孩子出生后应当尽早开始母乳喂养，满 6 个月时合理添加辅食。

53. 通过亲子交流、玩耍促进儿童早期发展，发现心理行为发育问题要尽早干预。

54. 青少年处于身心发展的关键时期，要培养健康的行为生活方式，预防近视、超重与肥胖，避免网络成瘾和过早性行为。

（三）基本技能

55. 关注健康信息，能够获取、理解、甄别、应用健康信息。

56. 能看懂食品、药品、保健品的标签和说明书。

57. 会识别常见的危险标识，如高压、易燃、易爆、剧毒、放射性、生物安全等，远离危险物。

58. 会测量脉搏和腋下体温。

59. 会正确使用安全套，减少感染艾滋病、性病的危险，防止意外怀孕。

60. 妥善存放和正确使用农药等有毒物品，谨防儿童接触。

61. 寻求紧急医疗救助时拨打 120，寻求健康咨询服务时拨打 12320。

62. 发生创伤出血量较多时，应当立即止血、包扎；对怀疑骨折的伤员不要轻易搬动。

63. 遇到呼吸、心跳骤停的伤病员，会进行心肺复苏。

64. 抢救触电者时，要首先切断电源，不要直接接触触电者。

65. 发生火灾时，用湿毛巾捂住口鼻、低姿逃生；拨打火警电话 119。

66. 发生地震时，选择正确避震方式，震后立即开展自救互救。

第五节 “亚健康”与“亚临床”状态

（一）“亚健康”状态

“亚健康”状态系指人的机体虽然无明确的疾病，但却呈现活力降低、适应能力减退的一种生理状态，它是由机体各系统的生理功能与代谢过程低下所导致的，介于健康与疾病之间的一种状态，也有人称它为“第三状态”或“灰色状态”。患者仅感到身体或精神上的不适，如疲劳无力、精神不安、胸闷、头痛、失眠、食欲不佳等，但经各种仪器与化验检查均没有查到阳性结果。

“亚健康”状态的范畴非常广泛，躯体上、心理上的不适应感觉在相当长时期内难以确诊是哪种病症的，均可概括其中，如衰老、神经衰弱、疲劳综合征、更年期综合征及重病、慢病的恢复期等。“亚健康”状态极有可能发展成多种疾病，对其深入研究是一个极其重要的跨世纪医学课题。

（二）“亚临床”状态

“亚临床”状态又称“无症状疾病”，与“亚健康”状态相比，其虽然没有临床症状和体征，但存在生理性代偿或病理性改变的临床检测证据，如“无症状性缺血性心脏病”，可以无临床症状，但有心电图改变等客观依据。

世界卫生组织一项全球性的调查结果表明，全世界处于“亚健康”状态的人占75%，诊断为有病的人占20%，而真正健康的人只占5%。为此，预防并消除“亚健康”状态，就成为一项极其重要的预防性的健康策略。

“亚健康”状态是一个动态过程，如不加重视，就会发展成疾病，若积极采取各种养生保健措施，也可向健康状态变化。

第六节 养生

养生一词最早见于《庄子》内篇，其有“养生主”一篇专论养生。古又谓之“摄生”。《老子》中有“善摄生”之说。所谓生，就是生命、生长、生存之意；所谓养，即保养、调养、补养、培养、护养之意。养生是通过养精神、练形体、调饮食、慎房事、适寒温等各种方法去实现的，是一种综合性的强身益寿活动。

中医养生学是在中医理论的指导下，探索与研究中国传统的颐养身心、增强体质、预防疾病、延年益寿的理论与方法，并用这种理论及方法指导人们保健活动的实用科学。

第七节　养生是中医的主要特色与优势

中医养生学是中华民族优秀传统文化的一个重要组成部分，它历史悠久，源远流长。在漫长的历史过程中，中国人民特别重视养生益寿，并在生活实践中积累了极丰富的经验，创立了既有系统理论、多种流派、多种方法，又有民族特色的中医养生学，为中国人民的保健事业与中华民族的繁衍昌盛做出了杰出的贡献，养生、治未病是中医的主要特色与优势。

养生乃中国独有，具有原创性。养生，根源于传承不绝的中华文明，是中华民族的一大创造。养生与中医结合后，更以中医理论及方法作为基础，海纳历史上各种有益生命的方法。中医养生是最先进的，经历了中国几千年的实践检验；中医养生是最先进的，经历了时间最长最有说服力的大数据的证明；中国历史上经历了许多次大的瘟疫流行，中医发挥了举世公认的重大作用。就世界人口而言，中国人口最多，其中最重要的因素之一就是中医养生发挥了重大作用。中医养生讲究时间、方位、空间等。而道家养生最精彩，尤其是张仲景的养生方法。

2

第二章

健康生活方式

第一节 合理膳食

一、一般人群膳食指南（2022）

《中国居民膳食指南》（2022）之“一般人群膳食指南”：

本指南是以食物为基础的膳食指南（food based dietary guidelines，FBDG)，适用于2岁以上的健康人群，提供有关食物、食物类别和平衡膳食模式的建议，健康/合理的膳食指导，以促进全民健康和慢性疾病预防。

平衡膳食模式 (balanced diet model) 是根据营养科学原理、我国居民膳食营养素参考摄入量及科学研究成果而设计，指一段时间内，膳食组成中的食物种类和比例可以最大限度地满足不同年龄、不同能量水平的健康人群的营养和健康需求。

准则一 食物多样，合理搭配

提要

平衡膳食模式是保障人体营养和健康的基本原则，食物多样是平衡膳食的基础，合理搭配是平衡膳食的保障。不同类别食物中含有的营养素及其他有益成分的种类和数量不同。除喂养6月龄内婴儿的母乳外，没有任何一种天然食物可以满足人体所需的能量及全部营养素。只有经过合理搭配的多种食物组成的膳食，才能满足人体对能量和各种营养素的需要。

合理搭配是指食物种类和重量在一日三餐中合理化分配。中国居民平衡膳食宝塔用五层把食物多少表现出来，谷类为主是平衡膳食模式的重要特征。谷类食物含有丰富的碳水化合物，是人体所需能量最经济和最重要的食物来源，也是B族维生素、矿物质、膳食纤维和蛋白质的重要食物来源，在保障儿童生长发育、维持人体健康方面发挥着重要作用。近年来，我国居民的膳食模式已发生变化：谷类食物的消费量逐年下降，动物性食物和油脂摄入量逐年增多；谷类过度加工引起B族维生素、矿物质和膳食纤维损失而导致营养素摄入量失衡。研究证据表明，膳食不平衡、全谷物减少与膳食相关慢性病发生风险增加密切相关。坚持谷类为主，保证全谷物及杂豆摄入，有利于降低超重/肥胖、2型糖尿病、心血管疾病、结直肠癌等疾病的发生风险。

平衡膳食应做到食物多样，平均每天摄入12种以上食物，每周摄入25种以上，合理搭配一日三餐。成年人每天摄入谷类200 ~ 300g，其中全谷物和杂豆类50 ~ 150g; 每天摄入薯类50 ~ 100g。平衡膳食模式能最大程度地满足人体正常生长发育及各种生理活动的需要，提高机体免疫力，降低膳食相关疾病的发生风险。

核心推荐

· 坚持谷类为主的平衡膳食模式。

· 每天的膳食应包括谷薯类、蔬菜水果、畜禽鱼蛋奶和豆类食物。

· 平均每天摄入12种以上食物，每周25种以上，合理搭配。

· 每天摄入谷类食物200 ~ 300g，其中包含全谷物和杂豆类50 ~ 150g；薯类50 ~ 100g。

准则二　吃动平衡，健康体重

提要

食物摄入量和身体活动量是保持能量平衡、维持健康体重的两个关键因素。长期能量摄入量大于能量消耗量可导致体重增加，甚至造成超重或肥胖；反之则导致体重过轻或消瘦。体重过重和过轻都是不健康的表现，易患多种疾病，缩短寿命。成人健康体重的体质指数（BMI）应保持在18.5 ~ 23.9kg/m^{2}之间。

目前，我国大多数居民身体活动不足，成年人超重和肥胖率达50.7%。充足的身体活动不仅有助于保持健康体重，还能够增强体质，降低全因死亡风险和心血管疾病、癌症等慢性病发生风险；同时也有助于调节心理平衡，缓解抑郁和焦虑，改善认知、睡眠和生活质量。

各个年龄段人群都应该天天进行身体活动，保持能量平衡和健康体重。推荐成年人积极进行日常活动和运动，每周至少进行5天中等强度身体活动，累计150分钟以上；每天进行主动身体活动6000步。鼓励适当进行高强度有氧运动，加强抗阻运动，多动多获益。减少久坐时间，每小时起来动一动。多动会吃，保持健康体重。

核心推荐

· 各年龄段人群都应天天进行身体活动，保持健康体重。

· 食不过量，保持能量平衡。

· 坚持日常身体活动，每周至少进行5天中等强度身体活动，累计150分钟以上；

主动身体活动最好每天 6000 步。

· 鼓励适当进行高强度有氧运动，加强抗阻运动，每周 2 ～ 3 天。

· 减少久坐时间，每小时起来动一动。

准则三　多吃蔬果、奶类、全谷、大豆

提要

蔬菜水果、全谷物、奶类、大豆及豆制品是平衡膳食的重要组成部分，坚果是平衡膳食的有益补充。蔬菜水果是维生素、矿物质、膳食纤维和植物化学物的重要来源，对提高膳食微量营养素和植物化学物的摄入量起到关键作用。循证研究发现，保证每天丰富的蔬菜水果摄入，可维持机体健康、改善肥胖，有效降低心血管疾病和肺癌的发病风险，对预防食管癌、胃癌、结肠癌等主要消化道癌症具有积极作用。全谷物食物是膳食纤维和 B 族维生素的重要来源，适量摄入可降低 2 型糖尿病的发病风险，也可保证肠道健康。奶类富含钙和优质蛋白质。增加奶制品摄入对增加儿童骨密度有一定作用；酸奶可以改善便秘和乳糖不耐症。大豆、坚果富含优质蛋白质、必需脂肪酸及多种植物化学物。多吃大豆及其制品可以降低绝经后女性骨质疏松、乳腺癌等发病风险。适量食用坚果有助于降低血脂水平和全因死亡的发生风险。

近年来，我国居民蔬菜摄入量逐渐下降，水果、奶类、全谷物和大豆摄入量仍处于较低水平。基于其营养价值和健康意义，建议增加蔬菜水果、奶类、全谷物和大豆及其制品的摄入。推荐成人每天摄入蔬菜不少于 300g，其中新鲜深色蔬菜应占 1/2; 水果 200 ～ 350g；全谷物及杂豆 50 ～ 150g; 饮奶 300mL 以上或相当量的奶制品；平均每天摄入大豆和坚果 25 ～ 35g。坚持餐餐有蔬菜，天天有水果，把全谷物、牛奶、大豆作为膳食重要组成部分。

核心推荐

· 蔬菜水果、全谷物和奶制品是平衡膳食的重要组成部分。

· 餐餐有蔬菜，保证每天摄入不少于 300g 的新鲜蔬菜，深色蔬菜应占 1/2。

· 天天吃水果，保证每天摄入 200 ～ 350g 的新鲜水果，果汁不能代替鲜果。

· 吃各种各样的奶制品，摄入量相当于每天 300mL 以上液态奶。

· 经常吃全谷物、大豆制品，适量吃坚果。

准则四　适量吃鱼、禽、蛋、瘦肉

提要

鱼、禽、蛋和瘦肉均属于动物性食物，富含优质蛋白质、脂类、脂溶性维生素、B族维生素和矿物质等，是平衡膳食的重要组成部分。该类食物蛋白质的含量普遍较高，其氨基酸组成更适合人体需要，利用率高，但有些含有较多的饱和脂肪酸和胆固醇，摄入过多可增加肥胖和心血管疾病等发病风险，应当适量摄入。

鱼虾等水产类食物脂肪含量相对较低，且含有较多的不饱和脂肪酸，对预防血脂异常和脑卒中等疾病有一定作用，每周最好吃鱼2次。禽类脂肪含量也相对较低，其脂肪酸组成也优于畜类脂肪。蛋类中各种营养成分比较齐全，营养价值高，胆固醇含量也高，对一般人群而言，每天吃一个鸡蛋不会增加心血管疾病的发病风险。畜肉类脂肪含量较多，吃畜肉应当选瘦肉，每人每周畜肉摄入不宜超过500g。烟熏和腌制肉类在加工过程中易产生一些致癌物，过多食用可增加肿瘤发生的风险，应当少吃或不吃。目前我国多数居民摄入畜肉较多，鱼等水产类较少，需要调整比例。建议成年人平均每天摄入总量120 ~ 200g，相当于每周吃鱼2次或300 ~ 500g，蛋类300 ~ 350g，畜禽肉类300 ~ 500g。

核心推荐

· 鱼、禽、蛋类和瘦肉摄入要适量，平均每天120 ~ 200g。

· 每周最好吃鱼2次或300 ~ 500g，蛋类300 ~ 350g，畜禽肉300 ~ 500g。

· 鸡蛋营养丰富，吃鸡蛋不弃蛋黄。

· 优先选择鱼，少吃肥肉、烟熏和腌制肉制品。

准则五　少盐少油，控糖限酒

提要

食盐是食物烹饪或食品加工的主要调味品。我国居民的饮食习惯中食盐摄入量较高，而过多的盐摄入与高血压、脑卒中、胃癌和全因死亡有关，因此要降低食盐摄入，培养清淡口味，逐渐做到量化用盐，推荐每天食盐摄入量不超过5g。

烹调油包括植物油和动物油，是人体必需脂肪酸和维生素E的重要来源。目前我国居民烹调油摄入量较多。过多烹调油的使用会增加脂肪的摄入，导致膳食中脂肪供能比超过适宜范围。过多摄入反式脂肪酸还会增加心血管疾病的发生风险。应减少烹调油和动物脂肪用量，推荐每天的烹调油摄入量为 25 ~ 30g。成年人脂肪提供能量应占总能量的 30% 以下。

过多摄入添加糖 / 含糖饮料，可增加龋齿、超重和肥胖等的发生风险。建议每天摄入添加糖提供的能量不超过总能量的 10%，最好不超过总能量的 5%。对于儿童青少年来说，含糖饮料是添加糖的主要来源，建议不喝或少喝，少食用高糖食品。

过量饮酒与多种疾病相关，会增加肝脏损伤、胎儿酒精综合征、痛风、心血管疾病和某些癌症的发生风险。因此应避免过量饮酒。若饮酒，成年人一天饮用的酒精量不超过 15g，儿童青少年、孕妇、乳母、慢性病患者等特殊人群不应饮酒。

核心推荐

· 培养清淡饮食习惯，少吃高盐和油炸食品。成年人每天摄入食盐不超过 5g，烹调油 25 ~ 30g。

· 控制添加糖的摄入量，每天不超过 50g，最好控制在 25g 以下。

· 反式脂肪酸每天摄入量不超过 2g。

· 不喝或少喝含糖饮料。

· 儿童青少年、孕妇、乳母及慢性病患者不应饮酒。成年人如饮酒，一天饮用的酒精量不超过 15g。

准则六　规律进餐，足量饮水

提要

规律进餐是实现平衡膳食、合理营养的前提。一日三餐、定时定量、饮食有度，是健康生活方式的重要组成部分，不仅可以保障营养素全面、充足摄入，还有益健康。饮食不规律、暴饮暴食、不合理节食等不健康的饮食行为会影响机体健康。应规律进餐，每天吃早餐，合理安排一日三餐，早餐提供的能量应占全天总能量的 25% ~ 30%，午餐占 30% ~ 40%，晚餐占 30% ~ 35%。

水是构成人体成分的重要物质并发挥着重要的生理作用。水的摄入和排出要平衡，以维护适宜的水合状态和正常的生理功能。足量饮水是机体健康的基本保障，有助于维持身体活动和认知能力。在温和气候条件下，低身体活动水平成年男性每天喝水 1700mL，成年女性每天喝水 1500mL。应主动、足量喝水，少量多次，推荐喝白水或茶水，不用饮料代替白水。含糖饮料摄入过多会增加龋齿、肥胖的发生风险，少喝或不喝含糖饮料。

核心推荐

· 合理安排一日三餐，定时定量，不漏餐，每天吃早餐。

· 规律进餐、饮食有度，不暴饮暴食、不偏食挑食、不过度节食。

· 足量饮水，少量多次。在温和气候条件下，低身体活动水平成年男性每天喝水 1700mL，成年女性每天喝水 1500mL。

· 推荐喝白水或茶水，少喝或不喝含糖饮料，不用饮料代替白水。

准则七　会烹会选，会看标签

提要

食物是人类获取营养、赖以生存和发展的物质基础，认识并会挑选食物容易满足营养需求。在生命的各个阶段都应做好健康膳食规划，保障营养素供应的充足性，满足个人和家庭对健康美好生活的追求。

不同类别食物中含有的营养素及有益成分的种类和数量不同，每人或每个家庭均应有每天的膳食设计和规划，按需选购备餐，按类挑选优质蛋白质来源和营养密度高的食物；优选当地、当季新鲜食物，按照营养和美味搭配组合。烹调是膳食计划的重要组成部分，学习烹饪，做好一日三餐，既可最大化地保留食物营养价值、控制食品安全风险，又可尽享食物天然风味，实践平衡膳食。在家烹饪、吃饭是我国传统文化的传承，选用新时代烹调工具可容易达到目标。

加工食品在膳食中的比例日渐增大，学会读懂预包装食品标签和营养标签，了解原料组成、能量和核心营养成分含量水平，慎选高盐、高油、高糖食品，做出健康聪明选择。对于外卖食品或在外就餐的菜品选择，应根据就餐人数确定适宜分量，做到荤素搭配，并主动提出健康诉求。

核心推荐

· 在生命的各个阶段都应做好健康膳食规划。

· 认识食物，选择新鲜的、营养素密度高的食物。

· 学会阅读食品标签，合理选择预包装食品。

· 学习烹饪、传承传统饮食，享受食物天然美味。

· 在外就餐，不忘适量与平衡。

准则八　公筷分餐，杜绝浪费

提要

加强饮食卫生安全，是通过饮食得到足够的营养、增强体质、防止食物中毒和其他食源性疾病事件发生所采取的重要措施，与现代文明同步相随。个人和家庭日常生活应首先注意选择当地的、新鲜卫生的食物，不食用野生动物。食物制备生熟分开，储存得当。多人同桌使用公筷公勺，或采取分餐或份餐等卫生措施，避免食源性疾病发生和传播。

勤俭节约是中华民族的文化传统。食物资源宝贵，来之不易，但食物浪费仍存在各个环节。人人都应尊重食物、珍惜食物、在家在外按需备餐和小分量、不铺张不浪费。社会餐饮应多措并举，倡导文明用餐方式，服务消费者健康选择。从每个家庭做起，传承健康生活方式，树饮食文明新风，促进公众健康和食物系统可持续发展。

核心推荐

· 选择新鲜卫生的食物，不食用野生动物。

· 食物制备生熟分开，熟食二次加热要热透。

· 讲究卫生，从分餐公筷做起。

· 珍惜食物，按需备餐，提倡分餐不浪费。

· 做可持续食物系统发展的践行者。

二、特定人群膳食指南（2022）

（一）孕妇、乳母膳食指南

1. 备孕和孕期妇女膳食指南

提要

为保证孕育质量，夫妻双方都应做好充分的孕前准备，使健康和营养状况尽可能达到最佳后再怀孕。孕前应将体重调整至正常范围，即 BMI 为 18.5 ~ 23.9kg/m^2，并确保身体健康和营养状况良好，特别关注叶酸、碘、铁等重要营养素的储备。备孕妇女至少应从计划怀孕前 3 个月开始每天补充叶酸 400μg，坚持食用碘盐，每天吃鱼、禽畜瘦肉和蛋类共计 150g，每周至少摄入 1 次动物血和肝脏替代瘦肉。

早孕反应不明显的孕早期妇女可继续维持孕前平衡膳食，早孕反应严重影响进食者，不必强调平衡膳食和规律进餐，应保证每天摄入至少含130g碳水化合物的食物。孕中期开始，应适当增加食物的摄入量，特别是富含优质蛋白质、钙、铁、碘等营养素的食物。孕中、晚期每天饮奶量应增至500g；孕中期鱼、禽畜及蛋类合计摄入量增至150 ~ 200g，孕晚期增至175 ~ 225g；建议每周食用1 ~ 2次动物血或肝脏、2 ~ 3次海产鱼类。

定期测量体重，合理安排膳食和身体活动，有助于维持孕前体重正常和孕期体重适宜增长，获得良好妊娠结局。健康孕妇每天应进行不少于30分钟的中等强度身体活动，保持健康生活方式。母乳喂养对孩子和母亲都是最好的选择，夫妻双方应尽早了解母乳喂养的益处，学习正确哺乳的方法，为产后尽早开奶和成功母乳喂养做好各项准备。

核心推荐

· 调整孕前体重至正常范围，保证孕期体重适宜增长。
· 常吃含铁丰富的食物，选用碘盐，合理补充叶酸和维生素D。
· 孕吐严重者，可少量多餐，保证摄入含必需量碳水化合物的食物。
· 孕中晚期适量增加奶、鱼、禽、蛋、瘦肉的摄入。
· 经常户外活动，禁烟酒，保持健康生活方式。
· 愉快孕育新生命，积极准备母乳喂养。

2. 哺乳期妇女膳食指南

提要

乳母的营养是泌乳的基础，尤其是那些母体储备量较低、容易受膳食影响的营养素。动物性食物可提供丰富的优质蛋白质和一些重要的矿物质及维生素，建议乳母每天摄入200g鱼、禽、蛋和瘦肉（其中包括蛋类50g）。为满足蛋白质、能量和钙的需要，还要摄入25g大豆（或相当量的大豆制品）、10g坚果、300g牛奶。为保证乳汁中碘和维生素A的含量，乳母应选用碘盐烹调食物，适当摄入海带、紫菜、鱼、贝类等海产品和动物肝脏、蛋黄等动物性食物。

乳母的心理及精神状态是影响乳汁分泌的重要因素，哺乳期间保持愉悦心情可以提高母乳喂养的成功率。坚持哺乳、适量的身体活动，有利于身体复原和体重恢复正常。吸烟、饮酒会影响乳汁分泌，其含有的尼古丁和酒精也可通过乳汁进入婴儿体内，影响婴儿睡眠及精神运动发育，哺乳期间应忌烟酒。茶和咖啡中的咖啡因可以造成婴儿兴奋，乳母应限制饮用浓茶和大量咖啡。

核心推荐

· 产褥期食物多样不过量，坚持整个哺乳期营养均衡。

· 适量增加富含优质蛋白质及维生素 A 的动物性食物和海产品，选用碘盐，合理补充维生素 D。

· 家庭支持，愉悦心情，充足睡眠，坚持母乳喂养。

· 增加身体活动，促进产后恢复健康体重。

· 多喝汤和水，限制浓茶和咖啡，忌烟酒。

（二）婴幼儿喂养指南

1.0 ~ 6 月龄婴儿母乳喂养指南

准则一　母乳是婴儿最理想的食物，坚持 6 月龄内纯母乳喂养

提要

母乳是婴儿最理想的食物。正常情况下，纯母乳喂养能满足 6 月龄内婴儿所需要的全部能量、营养素和水。母乳有利于肠道健康微生态环境的建立、肠道功能及免疫功能的成熟，降低感染性疾病和过敏发生的风险。母乳喂养营造母子情感交流的环境，给婴儿最大的安全感，有利于婴儿心理行为和情感发展，母乳喂养的婴儿最聪明。母乳喂养经济、安全而方便，有利于避免母亲产后体重滞留，降低母亲乳腺癌、卵巢癌和 2 型糖尿病的发病风险。纯母乳喂养应坚持至婴儿满 6 个月。母乳喂养需要全社会的努力，专业人员的技术指导，家庭、社区和工作单位的积极支持。充分利用政策和法律保护母乳喂养。

核心推荐

· 母乳喂养是婴儿出生后最佳喂养方式。

· 婴儿出生后不要喂任何母乳以外的食物。

· 应坚持纯母乳喂养至婴儿满 6 月龄。

· 坚持让婴儿直接吸吮母乳，只要母婴不分开，就不用奶瓶喂哺人工挤出的母乳。

· 由于特殊情况需要在婴儿满 6 月龄前添加母乳之外其他食物的，应咨询医务人员后谨慎做出决定。

· 配偶和家庭成员应支持鼓励母乳喂养。

准则二　生后 1 小时内开奶，重视尽早吸吮

初乳富含营养和免疫活性物质，有助于婴儿肠道成熟和功能发展，并提供免疫保护。母亲分娩后应即刻开始观察新生儿觅食表现并不间断地母婴肌肤接触，在生后 1 小时内让新生儿开始吸吮乳头和乳晕，除尽快获得初乳外，还可刺激乳头和乳晕神经感受，向垂体传递其需要母乳的信号，刺激催乳素的产生，促进乳汁分泌（下奶），这是确保母乳喂养成功的关键。婴儿出生时具有一定的能量储备，可满足至少 3 天的代谢需求；开奶过程中不用担心新生儿饥饿，可密切关注新生儿体重，体重下降只要不超过出生体重的 7% 就应坚持纯母乳喂养。精神鼓励、专业指导、温馨环境、愉悦心情等可以辅助开奶。

核心推荐

· 分娩后母婴即刻开始不间断地肌肤接触，观察新生儿觅食表现，帮助开始母乳喂养，特别是让婴儿吸吮乳头和乳晕，刺激母乳分泌。

· 生后体重下降只要不超过出生体重的 7% 就应坚持纯母乳喂养。

· 婴儿吸吮前不需过分擦拭或消毒乳房。

· 通过精神鼓励、专业指导、温馨环境、愉悦心情等辅助开奶。

准则三　回应式喂养，建立良好的生活规律

提要

随着婴儿胃肠道成熟和生长发育过程，母乳喂养将从按需喂养模式到规律喂养模式递进。婴儿饥饿是按需喂养的基础，应及时识别婴儿饥饿及饱腹信号，及时做出喂养回应。哭闹是婴儿饥饿的最晚信号。应避免婴儿哭闹后才哺喂，这样会增加哺喂的困难。按需喂奶，两侧乳房交替喂养；不要强求喂奶次数和时间，特别是 3 月龄内的婴儿。婴儿生后 2 ～ 4 周就基本建立了自己的进食规律，家长应明确感知其进食规律的时间信息。一般 2 月龄后，婴儿胃容量逐渐增加，单次摄乳量也随之增加，哺喂间隔则会相应延长，特别是在夜间，喂奶次数减少，婴儿睡眠节律更好，逐渐建立起哺喂和睡眠的规律。如果婴儿哭闹明显不符合平日进食规律，应该首先排除非饥饿原因，如胃肠不适等。非饥饿原因哭闹时，增加哺喂次数只能缓解婴儿的焦躁心理，并不能解决根本问题，应及时就医。

核心推荐

· 及时识别婴儿饥饿及饱腹信号并尽快做出喂养回应，哭闹是婴儿表达饥饿信号的最晚表现。

· 按需喂养，不要强求喂奶次数和时间，但生后最初阶段会在 10 次以上。

· 婴儿异常哭闹时，应考虑非饥饿原因。

准则四　适当补充维生素 D，母乳喂养无须补钙

提要

人乳中维生素 D 含量低，母乳喂养儿不能通过母乳获得足量的维生素 D。阳光照射会促进皮肤中维生素 D 的合成，但鉴于养育方式的限制，阳光照射可能不是 6 月龄内婴儿获得维生素 D 的最方便途径。婴儿出生后应每日补充 10μg 维生素 D。纯母乳喂养能满足婴儿骨骼生长对钙的需求，不需额外补钙。推荐新生儿出生后补充维生素 K，特别是剖宫产的新生儿。

核心推荐

· 纯母乳喂养的婴儿出生后数日开始每日补充 10μg 维生素 D。

· 纯母乳喂养的婴儿不需要补钙。

· 出生后应注意补充维生素 K。

准则五　任何动摇母乳喂养的想法和举动，都必须咨询医生或其他专业人员，并由他们帮助做出决定

一般情况下，通过及时有效地排空乳房和专业的指导，绝大部分婴儿都可以获得成功的纯母乳喂养。在某些医学状况下，如婴儿患有某些代谢性疾病、乳母患有某些传染性疾病时，可能暂时不宜进行纯母乳喂养，此时应遵循医生的建议，选择适合的哺喂方式。

任何婴儿配方奶或代乳品都不能与母乳相媲美，只能作为纯母乳喂养失败后无奈的选择。但当不能用纯母乳喂养婴儿时，建议首选适合 6 月龄内婴儿的配方奶喂养。普通液态奶、成人奶粉、蛋白粉、豆奶粉等不宜用于喂养婴儿。任何其他食物喂养不足 6 月龄的婴儿可能会由于营养不完全匹配、代谢不适宜等原因对婴儿健康造成不利影响。

核心推荐

· 绝大多数母亲都能纯母乳喂养自己的孩子。

· 母乳喂养遇到困难时，需要医生和专业人员的支持。母亲不要放弃纯母乳喂养，除非医生针对母婴任何一方原因明确提出不宜母乳喂养的建议。

· 相对于纯母乳喂养，给 6 月龄内婴儿任何其他食物喂养，对婴儿健康都会有不利影响。

· 任何婴儿配方奶都不能与母乳相媲美，只能作为母乳喂养失败后的无奈选择，或母乳不足时对母乳的补充。

· 不要直接用普通液态奶、成人和普通儿童奶粉、蛋白粉、豆奶粉等喂养 6 月龄内婴儿。

准则六　定期监测婴儿体格指标，保持健康生长

身长和体重是反映婴儿喂养和营养状况的直观指标。疾病或喂养不当、营养不足会使婴儿生长缓慢或停滞。6 月龄内婴儿应每月测一次身长、体重、头围，病后恢复期可增加测量次数，选用国家卫生标准《5 岁以下儿童生长状况判定》（WS/T 423-2013）判断婴儿是否得到正确、合理喂养。婴儿生长有自身规律，过快、过慢生长都不利于儿童远期健康。婴儿生长存在个体差异，也有阶段性波动，不必相互攀比生长指标。母乳喂养儿体重增长可能低于配方奶喂养儿，这是完全正常的。只要处于正常的生长曲线轨迹，即是健康的生长状态。

核心推荐

· 身长和体重是反映婴儿喂养和营养状况的直观指标。

· 6 月龄内婴儿每月测量一次身长、体重和头围，病后恢复期可适当增加测量次数。

· 选用国家卫生标准《5 岁以下儿童生长状况判定》(WS/T 423-2013) 判断生长状况。

· 出生体重正常婴儿的最佳生长模式是基本维持其出生时在群体中的分布水平。

· 婴儿生长有自身规律，不宜追求参考值上限。

2. 7 ~ 24 月龄婴幼儿喂养指南

准则一　继续母乳喂养，满 6 月龄起必须添加辅食，从富含铁的泥糊状食物开始

提要

7 ~ 4 月龄婴幼儿应继续母乳喂养。母乳仍然是 6 月龄后婴幼儿能量的重要来源。

母乳可为7～12月龄婴儿提供总能量的1/2～2/3，13～24月龄幼儿提供总能量的1/3。母乳也为婴幼儿提供优质蛋白质、钙等重要营养素，以及各种免疫保护因子等。继续母乳喂养可减少感染性疾病的发生，持续增进母子间的亲密接触，促进婴幼儿认知发育。

必须在继续母乳喂养的基础上添加辅食。纯母乳喂养不能为满6月龄后婴儿提供足够的能量和营养素；且经过最初半岁的生长发育，婴儿胃肠道及消化器官、消化酶发育也已相对成熟；婴儿的口腔运动功能，味觉、嗅觉、触觉等感知觉，以及心理、认知和行为能力也已准备好接受新的食物。满6月龄时开始添加辅食，不仅能满足婴儿的营养需求，也能满足其心理需求，并促进其感知觉、心理及认知和行为能力的发展。

我国7～12月龄婴儿铁的推荐摄入量为10mg/d，其中97%的铁需要来自辅食。同时我国7～24月龄婴幼儿贫血高发，铁缺乏和缺铁性贫血可损害婴幼儿认知发育和免疫功能。添加富含铁的辅食是保证婴幼儿铁需要的主要措施。

核心推荐

· 婴儿满6月龄后继续母乳喂养到两岁或以上。

· 从满6月龄起逐步引入各种食物，辅食添加过早或过晚都会影响健康。

· 首先添加肉泥、肝泥、强化铁的婴儿谷粉等富含铁的泥糊状食物。

· 有特殊需要时须在医生的指导下调整辅食添加时间。

准则二　及时引入多样化食物，重视动物性食物的添加

提要

辅食添加的原则：每次只添加一种新的食物，由少到多、由稀到稠、由细到粗，循序渐进。从一种富铁泥糊状食物开始，如强化铁的婴儿米粉、肉泥等，逐渐增加食物种类，逐渐过渡到半固体或固体食物，如烂面、肉末、碎菜、水果粒等。每引入一种新的食物应适应2～3天，密切观察是否出现呕吐、腹泻、皮疹等不良反应，适应一种食物后再添加其他新的食物。

畜禽肉、蛋、鱼虾、肝脏等动物性食物富含优质蛋白质、脂类、B族维生素和矿物质。蛋黄中含有丰富的磷脂和活性维生素A。鱼类还富含Ω-3多不饱和脂肪酸。畜肉和肝脏中的铁主要是易于消化吸收的血红素铁，肝脏还富含活性维生素A。

婴儿开始添加辅食后适时引入花生、鸡蛋、鱼肉等易过敏食物，可以降低婴儿对这些食物过敏或特应性皮炎的风险；1岁内婴儿避免食用这些食物对防止食物过敏未见明显益处。

核心推荐

· 每次只引入一种新的食物，逐步达到食物多样化。

· 不盲目回避易过敏食物，1 岁内适时引入各种食物。

· 从泥糊状食物开始，逐渐过渡到固体食物。

· 逐渐增加辅食频次和进食量。

准则三　尽量少加糖盐，油脂适当，保持食物原味

提要

家庭食物的质地多不适合婴幼儿食用，添加盐、糖等调味品常超过婴幼儿需要量，因此婴幼儿辅食需要单独制作，尽量不加盐、糖及各种调味品，保持食物的天然味道。淡口味食物有利于提高婴幼儿对不同天然食物口味的接受度，培养健康饮食习惯，减少偏食挑食的风险。淡口味食物也可减少婴幼儿盐、糖的摄入量，降低儿童期及成人期肥胖、糖尿病、高血压、心血管疾病的发生风险。吃糖还会增加儿童患龋齿的风险。辅食添加适量和适宜的油脂，有助于婴幼儿获得必需脂肪酸。

核心推荐

· 婴幼儿辅食应单独制作。

· 保持食物原味，尽量少加糖、盐及各种调味品。

· 辅食应含有适量油脂。

· 1 岁以后逐渐尝试淡口味的家庭膳食。

准则四　提倡回应式喂养，鼓励但不强迫进食

提要

在喂养过程中，父母或喂养者应及时感知婴幼儿发出的饥饿或饱足的信号，并做出恰当的喂养回应，决定开始或停止喂养。尊重婴幼儿对食物的选择，耐心鼓励和协助婴幼儿进食，绝不强迫进食。

随着月龄增加，父母或喂养者应根据婴幼儿营养需求的变化，以及婴幼儿感知觉、认知、行为和运动能力的发展，给予相适应的喂养，帮助婴幼儿逐步达到与家人一致的规律进餐模式，并学会自主进食，遵守必要的进餐礼仪。

父母或喂养者还有责任为婴幼儿营造良好的进餐环境，保持进餐环境安静、愉悦，避免电视、玩具等对婴幼儿注意力的干扰。控制每次进餐时间不超过 20 分钟。父母或

喂养者也应该是婴幼儿进食的好榜样。

核心推荐

· 进餐时父母或喂养者与婴幼儿应有充分的交流，识别其饥饱信号，并及时回应。

· 耐心喂养，鼓励进食，绝不强迫喂养。

· 鼓励并协助婴幼儿自主进食，培养进餐兴趣。

· 进餐时不看电视，不玩玩具，每次进餐时间不超过 20 分钟。

· 父母或喂养者应保持自身良好的进餐习惯，成为婴幼儿的榜样。

准则五　注重饮食卫生和进食安全

提要

选择新鲜、优质、无污染的食物和清洁的水来制作辅食。制作辅食前须先洗手。制作辅食的餐具、场所应保持清洁。辅食应煮熟、煮透。制作的辅食应及时食用或妥善保存。进餐前洗手，保持餐具和进餐环境清洁、安全。

婴幼儿进食时一定要有成人看护，以防进食意外。整粒花生、坚果、果冻等食物不适合婴幼儿食用。

核心推荐

· 选择安全、优质、新鲜的食材。

· 制作过程始终保持清洁卫生，生熟分开。

· 不吃剩饭，妥善保存和处理剩余食物，防止进食意外。

· 饭前洗手，进食时应有成人看护，并注意进食环境安全。

准则六　定期监测体格指标，追求健康生长

提要

适度、平稳生长是婴幼儿最佳的生长模式。每 3 个月一次监测并评估 7 ~ 24 月龄婴幼儿的体格生长指标有助于判断其营养状况，并可根据体格生长指标的变化，及时调整营养和喂养。对于营养不足、超重肥胖及处于急慢性疾病期间的婴幼儿应增加监测次数。

核心推荐

· 身长、体重、头围等是反映婴幼儿营养状况的直观指标。

· 每 3 个月测量一次身长、体重、头围等体格生长指标。

· 平稳生长是婴幼儿最佳的生长模式。

· 鼓励婴幼儿爬行、自由活动。

（三）儿童膳食指南（2022）

1. 学龄前儿童膳食指南

提要

本指南适用于满 2 周岁至满 6 周岁前（2 ～ 5 岁）的学龄前儿童，是基于 2 ～ 5 岁儿童的生理特点、营养需要及饮食习惯培养规律，结合其膳食营养和饮食行为现状，在一般人群膳食指南基础上增加的 5 条核心推荐。

家庭和托幼机构应遵循食物丰富、规律就餐原则安排学龄前儿童的膳食和餐次，注重合理烹调，控制高盐、高脂、高糖食品及含糖饮料摄入。有意识地培养儿童使用餐具、自主进食，养成每天饮奶、足量饮水、正确选择零食和不挑食不偏食的良好饮食习惯。引导儿童参与食物选择和制作，增进对食物的认知和喜爱。积极鼓励儿童进行身体活动尤其是户外活动，限制久坐和视屏时间，保证充足睡眠，定期体格测量，保障儿童健康成长。

核心推荐

· 食物多样，规律就餐，自主进食，培养健康饮食行为。

· 每天饮奶，足量饮水，合理选择零食。

· 合理烹调，少调料少油炸。

· 参与食物选择与制作，增进对食物的认知和喜爱。

· 经常户外活动，定期体格测量，保障健康成长。

2. 学龄儿童膳食指南

提要

学龄儿童是指从 6 周岁到不满 18 周岁的未成年人。学龄儿童正处于生长发育阶段，对能量和营养素的需要量相对高于成年人。全面、充足的营养是其正常生长发育，乃至一生健康的物质保障，因此，更需要强调合理膳食。

学龄期是建立健康信念和形成健康饮食行为的关键时期。学龄儿童应积极学习营养健康知识，主动参与食物选择和制作，提高营养健康素养。在一般人群膳食指南的基础上，应吃好早餐，合理选择零食，不喝含糖饮料，积极进行身体活动，保持体重适宜增长。家长应学习并将营养健康知识应用到日常生活中，同时发挥言传身教的作用；学校应制定和实施营养健康相关政策，开设营养健康教育相关课程，配置相关设施与设备，营造校园营养健康支持环境。家庭、学校和社会要共同努力，帮助学龄儿童养成健康的饮食行为和生活方式。

核心推荐

· 主动参与食物选择和制作，提高营养健康素养。

· 吃好早餐，合理选择零食，培养健康饮食行为。

· 天天喝奶，足量饮水，不喝含糖饮料，禁止饮酒。

· 多户外活动，少视屏时间，每天 60 分钟以上的中高强度身体活动。

· 定期监测体格发育，保持体重适宜增长。

（四）老年人膳食指南（2022）

本指南适用于年龄在 65 岁及以上的老年人，分为 65 ~ 79 岁的一般老年人和 80 岁及以上的高龄老年人两部分。两个指南是在一般人群膳食指南基础上，针对老年人特点的补充建议。

进入老龄阶段，人的生活环境、社会交往范围出现了较大的变化，特别是身心功能出现不同程度的衰退，如咀嚼和消化能力下降，视觉、嗅觉、味觉反应迟缓等。这些变化会增加一般老年人患营养不良的风险，减弱抵抗疾病的能力。良好的膳食营养有助于维护老年人身体功能，保持身心健康状态。因此，有必要全面、深入认识老年期的各种变化，为老年人提出有针对性的膳食营养指导和建议。

多数高龄老年人身体各个系统功能显著衰退，常患多种慢性病，生活自理能力和心理调节能力显著下降，营养不良发生率高，需要他人照护，在营养方面有更加多样、复杂的要求，需要专业、精细、个体化的膳食指导。

1. 一般老年人膳食指南

提要

随着年龄增加，尤其是超过 65 岁，衰老的特征比较明显地表现出来。生理上的变化主要体现为代谢能力下降、呼吸功能衰退、心脑功能衰退、视觉和听觉及味觉等感官反应迟钝、肌肉衰减等。这些变化会影响老年人摄取、消化食物和吸收营养物质的能力，使他们容易出现蛋白质、微量营养素摄入不足，产生消瘦、贫血等问题，降低了身体的抵抗能力，增加了罹患疾病的风险。

在一般成年人平衡膳食的基础上，应为老年人提供更加丰富多样的食物，特别是易于消化吸收、利用，且富含优质蛋白质的动物性食物和大豆类制品。老年人应积极主动参与家庭和社会活动，积极与人交流；尽可能多地与家人或朋友一起进餐，享受食物美味，体验快乐生活。老年人应积极进行身体活动，特别是户外活动，更多地呼吸新鲜空气、接受阳光，促进体内维生素 D 合成，延缓骨质疏松和肌肉衰减的进程。需要关注老年人的体重变化，定期测量；用体质指数评判，适宜范围在 20.0 ~ 26.9kg/m^2。不要求偏胖的老年人快速降低体重，而是应维持在一个比较稳定的范围内。在没有主动采取措施减重的情况下出现体重明显下降时，要主动去做营养和医学咨询。老年人应定期到正规的医疗机构进行体检，做营养状况测评，并以此为依据，合理选择食物、预防营养缺乏，主动健康，快乐生活。

核心推荐

· 食物品种丰富，动物性食物充足，常吃大豆制品。

· 鼓励共同进餐，保持良好食欲，享受食物美味。

· 积极户外活动，延缓肌肉衰减，保持适宜体重。

· 定期健康体检，测评营养状况，预防营养缺乏。

2. 高龄老年人膳食指南

提要

高龄老年人指 80 岁及以上的老年人。高龄、衰弱老年人往往存在进食受限，味觉、嗅觉、消化吸收能力降低，营养摄入不足。因此需要能量和营养密度高、品种多样的食物，多吃鱼、畜禽肉、蛋类、奶制品及大豆类等营养价值和生物利用率高的食物，同时配以适量的蔬菜和水果。精细烹制，口感丰富美味，食物质地细软，适应老年人的咀嚼、吞咽能力。根据具体情况，采取多种措施鼓励进食，减少不必要的食物限制。体重丢失是营养不良和老年人健康状况恶化的征兆信号，增加患病、衰弱和失能的风险。老年人要经常监测体重，对于体重过轻（BMI<20kg/m^2）或近期体重明显

下降的老年人，应进行医学营养评估，及早查明原因，从膳食上采取措施进行干预。如膳食摄入不足目标量的 80%，应在医生和临床营养师指导下，适时合理补充营养，如特医食品、强化食品和营养素补充剂，以改善营养状况，提高生活质量。高龄、衰弱老年人需要坚持身体和益智活动，动则有益，维护身心健康，延缓身体功能的衰退。

核心推荐

· 食物多样，鼓励多种方式进食。

· 选择质地细软，能量和营养素密度高的食物。

· 多吃鱼禽肉蛋奶和豆，适量蔬菜配水果。

· 关注体重丢失，定期营养筛查评估，预防营养不良。

· 适时合理补充营养，提高生活质量。

· 坚持健身与益智活动，促进身心健康。

（五）素食人群膳食指南（2022）

提要

素食人群是指以不食畜禽肉、水产品等动物性食物为饮食方式的人群，主要包括全素和蛋奶素。

素食人群更应认真设计自己的膳食，合理利用食物，搭配恰当，以确保满足营养需要和促进健康。建议素食人群尽量选择蛋奶素。所有素食者更应做到食物多样化，保证每周 25 种以上；谷类是素食者膳食能量主要来源，全谷物、薯类和杂豆可提供更多的蛋白质、维生素、矿物质、膳食纤维和其他膳食成分，应每天食用；大豆及其制品是素食者的重要食物，含有丰富的蛋白质、不饱和脂肪酸和钙；发酵豆制品中还含有维生素 B12，建议素食者应比一般人摄入更多大豆及其制品，特别是发酵豆制品；蔬菜水果含有丰富的维生素 C、β- 胡萝卜素、膳食纤维、矿物质及植物化学物，应足量摄入；藻类（特别是微藻）含有 Ω-3 多不饱和脂肪酸及多种矿物质，菌菇、坚果也应当经常适量食用；选择多种植物油，特别是亚麻籽油、紫苏油、核桃油，以满足素食者 Ω-3 多不饱和脂肪酸的需要。定期监测营养状况，及时发现和预防营养缺乏。

核心推荐

· 食物多样，谷类为主；适量增加全谷物。

· 增加大豆及其制品的摄入，选用发酵豆制品。

· 常吃坚果、海藻和菌菇。

· 蔬菜、水果应充足。

· 合理选择烹调油。

· 定期监测营养状况。

三、中国居民平衡膳食宝塔（2022）解析

（一）中国居民平衡膳食宝塔

中国居民平衡膳食宝塔（Chinese Food Guide Pagoda，以下简称“宝塔”）是根据《中国居民膳食指南》（2022）的准则和核心推荐，把平衡膳食原则转化为各类食物的数量和所占比例的图形化表示。

中国居民平衡膳食宝塔形象化的组合，遵循了平衡膳食的原则，体现了在营养上比较理想的基本食物构成。宝塔共分 5 层，各层面积大小不同，体现了 5 大类食物和食物量的多少。5 大类食物包括谷薯类，蔬菜水果，鱼禽肉蛋，奶类、大豆和坚果类以及烹调用油盐。食物量是根据不同能量需要量水平设计，宝塔旁边的文字注释标明了在 1600 ~ 2400kcal 能量需要量水平时，一段时间内成年人每人每天各类食物摄入量的建议值范围。

第一层　谷薯类

谷薯类是膳食能量的主要来源（碳水化合物提供总能量的 50% ~ 65%），也是多种微量营养素和膳食纤维的良好来源。膳食指南中推荐 2 岁以上健康人群的膳食应做到食物多样、合理搭配。谷类为主是合理膳食的重要特征。在 1600 ~ 2400kcal 能量需要量水平下的一段时间内，建议成年人每人每天摄入谷类 200 ~ 300g，其中包含全谷物和杂豆类 50 ~ 150g; 另外，薯类 50 ~ 100g，从能量角度相当于 15 ~ 35g 大米。

谷类、薯类和杂豆类是碳水化合物的主要来源。谷类包括小麦、稻米、玉米、高粱等及其制品，如米饭、馒头、烙饼、面包、饼干、麦片等。全谷物保留了天然谷物的全部成分，是理想膳食模式的重要组成，也是膳食纤维和其他营养素的来源。杂豆包括大豆以外的其他干豆类，如红小豆、绿豆、芸豆等。我国传统膳食中整粒的食物常见的有小米、玉米、绿豆、红豆、荞麦等，现代加工产品有燕麦片等，因此把杂豆与全谷物归为一类。2 岁以上人群都应保证全谷物的摄入量，以此获得更多营养素、

膳食纤维和健康益处。薯类包括马铃薯、红薯等，可替代部分主食。

第二层　蔬菜水果

蔬菜和水果是膳食指南中鼓励多摄入的两类食物。在 1600 ～ 2400kcal 能量需要量水平下，推荐成年人每天蔬菜摄入量至少达到 300g，水果 200 ～ 350g。蔬菜水果是膳食纤维、微量营养素和植物化学物的良好来源。蔬菜包括嫩茎、叶、花菜类、根菜类、鲜豆类、茄果瓜菜类、葱蒜类、菌藻类及水生蔬菜类等。深色蔬菜是指深绿色、深黄色、紫色、红色等有颜色的蔬菜，每类蔬菜提供的营养素略有不同，深色蔬菜一般富含维生素、植物化学物和膳食纤维，推荐每天占总体蔬菜摄入量的 1/2 以上。

水果多种多样，包括仁果、浆果、核果、柑橘类、瓜果及热带水果等。推荐吃新鲜水果，在鲜果供应不足时可选择一些含糖量低的干果制品和纯果汁。

第三层　鱼、禽、肉、蛋等动物性食物

鱼、禽、肉、蛋等动物性食物是膳食指南推荐适量食用的食物。在 1600 ～ 2400kcal 能量需要量水平下，推荐每天鱼、禽、肉、蛋摄入量共计 120 ～ 200g。

新鲜的动物性食物是优质蛋白质、脂肪和脂溶性维生素的良好来源，建议每天畜禽肉的摄入量为 40 ～ 75g，少吃加工类肉制品。目前我国汉族居民的肉类摄入以猪肉为主，且增长趋势明显。猪肉含脂肪较高，应尽量选择瘦肉或禽肉。常见的水产品包括鱼、虾、蟹和贝类，此类食物富含优质蛋白质、脂类、维生素和矿物质，推荐每天摄入量为 40 ～ 75g，有条件可以优先选择。蛋类包括鸡蛋、鸭蛋、鹅蛋、鹌鹑蛋、鸽子蛋及其加工制品，蛋类的营养价值较高，推荐每天 1 个鸡蛋（相当于 50g 左右），吃鸡蛋不能丢弃蛋黄，蛋黄含有丰富的营养成分，如胆碱、卵磷脂、胆固醇、维生素 A、叶黄素、锌、B 族维生素等，无论对多大年龄人群都具有健康益处。

第四层　奶类、大豆和坚果

奶类和豆类是鼓励多摄入的食物。奶类、大豆和坚果是蛋白质和钙的良好来源，营养素密度高。在 1600 ～ 2400kcal 能量需要量水平下，推荐每天应摄入至少相当于鲜奶 300g 的奶类及奶制品。在全球奶制品消费中，我国居民摄入量一直很低，多吃各种各样的乳制品，有利于提高乳类摄入量。

大豆包括黄豆、黑豆、青豆，其常见的制品有豆腐、豆浆、豆腐干及千张等。坚果包括花生、葵花子、核桃、杏仁、榛子等，部分坚果的营养价值与大豆相似，富含人体必需脂肪酸和必需氨基酸。推荐大豆和坚果摄入量共为 25 ～ 35g，其他豆制品摄入量需按蛋白质含量与大豆进行折算。坚果无论作为菜肴还是零食，都是食物多样化的良好选择，建议每周摄入 70g 左右（相当于每天 10g 左右）。

第五层　烹调油和盐

油盐作为烹饪调料必不可少，但建议尽量少用。推荐成年人平均每天烹调油不超过 25 ~ 30g，食盐摄入量不超过 5g。按照中国营养学会的建议，1 ~ 3 岁人群膳食脂肪供能比应占膳食总能量的 35%；4 岁以上人群占 20% ~ 30%。在 1600 ~ 2400kcal 能量需要量水平下脂肪的摄入量为 36 ~ 80g。其他食物中也含有脂肪，在满足平衡膳食模式中其他食物建议量的前提下，烹调油需要限量。按照 25 ~ 30g 计算，烹调油提供 10% 左右的膳食能量。烹调油包括各种动植物油，植物油如花生油、大豆油、菜籽油、葵花籽油等，动物油如猪油、牛油、黄油等。烹调油也要多样化，应经常更换种类，以满足人体对各种脂肪酸的需要。我国居民食盐用量普遍较高，盐与高血压关系密切，限制食盐摄入量是我国长期行动目标。除了少用食盐外，也需要控制隐形高盐食品的摄入量。

酒和添加糖不是膳食组成的基本食物，烹饪使用和单独食用时也都应尽量避免。

身体活动和饮水强调增加身体活动和足量饮水的重要性。水是膳食的重要组成部分，是一切生命活动必需的物质，其需要量主要受年龄、身体活动、环境温度等因素的影响。低身体活动水平的成年人每天至少饮水 1500 ~ 1700mL（7 ~ 8 杯）。在高温或高身体活动水平的条件下，应适当增加饮水量。饮水不足或过多都会对人体健康带来危害。来自食物中水分和膳食汤水大约占 1/2，推荐一天中饮水和整体膳食（包括食物中的水，汤、粥、奶等）水摄入共计 2700 ~ 3000mL。身体活动是能量平衡和保持身体健康的重要手段。运动或身体活动能有效地消耗能量，保持精神和机体代谢的活跃性。鼓励养成天天运动的习惯，坚持每天多做一些消耗能量的活动。推荐成年人每天进行至少相当于快步走 6000 步以上的身体活动，每周最好进行 150 分钟中等强度的运动，如骑车、跑步、庭院或农田的劳动等。一般而言，低身体活动水平的能量消耗通常占总能量消耗的 1/3 左右，而高身体活动水平者可高达 1/2。加强和保持能量平衡，需要通过不断摸索，关注体重变化，找到食物摄入量和运动消耗量之间的平衡点。

（二）中国居民平衡膳食餐盘

中国居民平衡膳食餐盘是按照平衡膳食原则，描述了一个人一餐中膳食的食物组成和大致比例。餐盘更加直观，一餐膳食的食物组合搭配清晰明了。

餐盘分成4部分，分别是谷薯类、鱼肉蛋豆类、蔬菜类和水果类。此餐盘适用于2岁以上人群，是一餐中食物基本构成的描述。

与膳食平衡宝塔相比，平衡膳食餐盘更加简明，用传统文化中的基本符号，表达阴阳形态和万物演变过程中的最基本平衡，一方面更容易记忆和理解，另一方面也预示着一生中天天饮食错综交变、此消彼长、相辅相成的健康生成自然之理。2岁以上人群都可参照此结构计划膳食，即便是对素食者而言，也很容易将肉类替换为豆类，以获得充足的蛋白质。

（三）中国儿童平衡膳食算盘

中国儿童平衡膳食算盘是面向儿童应用膳食指南时，根据平衡膳食原则转化各类食物分量的图形。平衡膳食算盘简单勾画了膳食结构图，给儿童一个大致膳食模式的认识。跑步的儿童身挎水壶，表达了鼓励喝白水、不忘天天运动、积极活跃的生活和学习态度。

与膳食宝塔相比，膳食算盘在食物分类上，把蔬菜和水果分别表示，算盘有6层，用不同颜色的算珠表示各类食物，浅棕色代表谷薯，绿色代表蔬菜，黄色代表水果，橘红色代表动物性食物，蓝色代表大豆、坚果和奶类，橘黄色代表油和盐。算盘中的食物分量按8 ~ 11岁儿童能量需要量平均值大致估算。在面向儿童青少年开展膳食指南宣传和知识传播中，通过膳食算盘可以寓教于乐，与儿童更好沟通，便于记忆一日三餐的食物基本构成和合理的食物量。

膳食设计食谱举例（见表2-1）。

表2-1　成年女性一日膳食（1800kcal）

食物和用量		重要建议
谷薯类	谷类225g，薯类50g	最好选择1/3的全谷类及杂豆类食物
蔬菜水果类	蔬菜400g，水果200g	选择多种多样的蔬菜水果，深色蔬菜最好占1/2以上
鱼禽蛋肉	畜禽肉50g，水产类50g，蛋类40g	优先选择鱼和禽，要吃瘦肉，吃鸡蛋不要丢弃蛋黄
乳制品、大豆坚果	大豆15g，坚果10g 乳制品300g	每天吃奶制品，经常吃豆制品，适量吃坚果
烹调油、食盐	烹调油25g，食盐 < 5g	培养清淡饮食习惯，少吃高盐和油炸食品

四、卫生部公布的《按照传统既是食品又是药品物品名单》

1987年卫生部颁布了《禁止食品加药卫生管理办法》，规定了食品不得加入药物，但是按照传统既是食品又是药品的作为原料、调料的除外。与此同时还公布了“按照传统既是食品又是药品物品”（第一批），共列入33种物品。

33种物品包括：乌梢蛇、蝮蛇、酸枣仁、牡蛎、栀子、甘草、代代花、罗汉果、肉桂、决明子、莱菔子、陈皮、砂仁、乌梅、肉豆蔻、白芷、菊花、藿香、沙棘、郁李仁、青果、薤白、薄荷、丁香、高良姜、白果、香橼、火麻仁、橘红、茯苓、香薷、红花、紫苏。

1996年卫生部颁布的《保健食品管理办法》正式施行，对可以用于保健食品的原料有着明确的限定。2002年颁布了《卫生部关于进一步规范保健食品原料管理的通知》（卫法监发〔2002〕51号），简称“51号文件”，印发了新的《按照传统既是食品又是药品物品名单》（简称《既是食品又是药品物品名单》）、《可用于保健食品的物品名单》和《保健食品禁用名单》。其中《既是食品又是药品物品名单》中87种物品为历来广泛应用于养生保健的药食两用之物；《可用于保健食品的物品名单》基本上来源于中药材。两个名单是药食同源的具体产物，也是“食养”“食疗”时原料选择的依据。

《既是食品又是药品物品名单》共计87种，包括：丁香、八角茴香、刀豆、小茴香、小蓟、山药、山楂、马齿苋、乌梢蛇、乌梅、木瓜、火麻仁、代代花、玉竹、甘草、白芷、白果、白扁豆、白扁豆花、龙眼肉（桂圆）、决明子、百合、肉豆蔻、肉桂、余甘子、佛手、杏仁（甜、苦）、沙棘、牡蛎、芡实、花椒、赤小豆、阿胶、鸡内金、麦芽、昆布、枣（大枣、酸枣、黑枣）、罗汉果、郁李仁、金银花、青果、鱼腥草、姜（生姜、干姜）、枳椇子、枸杞子、栀子、砂仁、胖大海、茯苓、香橼、香薷、桃仁、桑叶、桑椹、橘红、桔梗、益智仁、荷叶、莱菔子、莲子、高良姜、淡竹叶、淡豆豉、菊花、菊苣、黄芥子、黄精、紫苏、紫苏籽、葛根、黑芝麻、黑胡椒、槐米、槐花、蒲公英、蜂蜜、榧子、酸枣仁、鲜白茅根、鲜芦根、蝮蛇、橘皮、薄荷、薏苡仁、薤白、覆盆子、藿香。

2014年11月6日，国家卫生计生委办公厅发布关于征求《按照传统既是食品又是中药材物质目录管理办法》（简称《目录》）（征求意见稿）意见的函（国卫办食品函

〔2014〕975号），明确了“按照传统既是食品又是中药材物质”的列入标准，具体为：①符合《食品安全法》及有关法规的规定。②在中医药典籍中有食用记载，未发现毒性记录。③具有传统食用习惯，正常食用未发现对人体健康造成任何急性、亚急性、慢性或者其他潜在性危害，符合应当有的营养要求。④符合中药材资源保护相关法律法规规定。⑤已经列入国家中药材标准五项要求。《目录》在原87种药食两用物品基础上增设了列入物质的植物名、拉丁学名、所属科名、使用部位、限制使用等信息。当归、山柰、西红花、草果、姜黄、荜茇等被正式纳入目录（仅作香辛料和调味品使用）（卫健委公告2019年第8号）。2018年，国家卫健委发文拟将党参、肉苁蓉、铁皮石斛、西洋参、黄芪、灵芝、山茱萸、天麻、杜仲叶等9种物质作为按照传统既是食品又是中药材物质管理（国卫办食品函〔2018〕278号）。2020年，国家卫健委和市场监管总局发文开展以上9种食药物质的生产经营试点工作（国卫食品函〔2019〕311号）。

在《<按照传统既是食品又是中药材物质目录管理办法>（征求意见稿）修订说明》中就强调，目录以外的物质如需开发作为食品原料时，应当按照《新食品原料安全性审查管理办法》有关规定进行安全性评估并申报。

五、卫生部印发的《可用于保健食品的物品名单》

2002年颁布的《卫生部关于进一步规范保健食品原料管理的通知》（卫法监发〔2002〕51号），简称“51号文件”，印发了《可用于保健食品的物品名单》。

《可用于保健食品的物品名单》共计114种，包括：人参、人参叶、人参果、三七、土茯苓、大蓟、女贞子、山茱萸、川牛膝、川贝母、川芎、马鹿胎、马鹿茸、马鹿骨、丹参、五加皮、五味子、升麻、天门冬、天麻、太子参、巴戟天、木香、木贼、牛蒡子、牛蒡根、车前子、车前草、北沙参、平贝母、玄参、生地黄、生何首乌、白及、白术、白芍、白豆蔻、石决明、石斛（需提供可使用证明）、地骨皮、当归、竹茹、红花、红景天、西洋参、吴茱萸、怀牛膝、杜仲、杜仲叶、沙苑子、牡丹皮、芦荟、苍术、补骨脂、诃子、赤芍、远志、麦门冬、龟甲、佩兰、侧柏叶、制大黄、制何首乌、刺五加、刺玫果、泽兰、泽泻、玫瑰花、玫瑰茄、知母、罗布麻、苦丁茶、金荞麦、金樱子、青皮、厚朴、厚朴花、姜黄、枳壳、枳实、柏子仁、珍珠、绞股蓝、胡芦巴、茜草、荜茇、韭菜子、首乌藤、香附、骨碎补、党参、桑白皮、桑枝、浙贝母、益母草、积雪草、淫羊藿、菟丝子、野菊花、银杏叶、黄芪、湖北贝母、番泻叶、蛤蚧、越橘、槐实、蒲黄、蒺藜、蜂胶、酸角、墨旱莲、熟大黄、熟地黄、鳖甲。

2014年，卫计委政务公开办“关于新食品原料、普通食品和保健食品有关问题的说明”中指出，2002年公布的《可用于保健食品的物品名单》中的物品不得作为普通食品原料生产经营，如需开发《可用于保健食品的物品名单》中的物品用于普通食品生产，应当按照《新食品原料安全性审查管理办法》规定的程序申报批准。

六、卫生部印发的《保健食品禁用物品名单》

2002年颁布的《卫生部关于进一步规范保健食品原料管理的通知》（卫法监发〔2002〕51号），简称“51号文件”，印发了《保健食品禁用物品名单》。

《保健食品禁用物品名单》共计59种，包括：八角莲、八里麻、千金子、土青木香、山莨菪、川乌、广防己、马桑叶、马钱子、六角莲、天仙子、巴豆、水银、长春花、甘遂、生天南星、生半夏、生白附子、生狼毒、白降丹、石蒜、关木通、农吉痢、夹竹桃、朱砂、米壳（罂粟壳）、红升丹、红豆杉、红茴香、红粉、羊角拗、羊踯躅、丽江山慈姑、京大戟、昆明山海棠、河豚、闹羊花、青娘虫、鱼藤、洋地黄、洋金花、牵牛子、砒石（白砒、红砒、砒霜）、草乌、香加皮（杠柳皮）、骆驼蓬、鬼臼、莽草、铁棒槌、铃兰、雪上一枝蒿、黄花夹竹桃、斑蝥、硫黄、雄黄、雷公藤、颠茄、藜芦、蟾酥。

七、科学食用谷薯类食物

1. 什么是谷薯类食物

谷薯类包括谷类（包含全谷物）、薯类和杂豆类；由于在食用习惯上杂豆类经常保持整粒，与全谷物概念相符，且常作为主食的材料，故也放入此类。杂豆包括大豆以外的其他干豆类，如红小豆、绿豆、芸豆等。

2. 成人每天应食用多少谷薯类食物

成人每人每天应该摄入谷、薯、杂豆类250 ~ 400g，其中全谷物50 ~ 150g（包括杂豆类），新鲜薯类50 ~ 100g。

3. 平均每天应摄入至少多少种食物

膳食应做到食物多样，谷类为主，平均每天摄入至少12种、每周至少25种食物。

4. **不吃主食危害大**

主食是能量的底座。若没有主食的保护，吃再多的蛋白质，这些蛋白质都会被当成柴火烧掉，也就是说不吃主食蛋白质无法吸收。不吃主食的人多数是为了减肥，其实致胖的“元凶”是总热量而不单纯是主食，是摄入的总能量过剩，即能量摄入大于能量消耗。如果长期缺乏主食会导致肌肉无力甚至失忆、低血糖昏迷等。如果不吃主食，人体所需要的营养就要通过食用的其他食物转化，在转化的过程中产生的代谢废物更多，对人体危害更大。另外，谷类食物为主的主食，还能够减少动物性食物和脂肪的摄入量，降低心血管疾病和糖尿病的发病风险，反之，则增加此类疾病的风险。

5. **主食不能太精细**

大米与白面并非越白越好。因为加工精度越高，谷类中损失的营养素就越多，尤其是 B 族维生素和矿物质损失得多。另外，谷类加工越精细则在摄入后血糖反应越高。因此，为了健康长寿，主食应该以全谷物（糙米、全麦粉等）为基础（可占总量的 50%），不要太过追求精细的白米和精面粉。

6. **为何让全谷物和杂豆走上主食餐桌**

全谷物系指未经精细化加工或虽经碾磨（粉碎或压片等）处理仍保留了完整谷粒所具备的胚乳、胚芽、谷皮与糊粉层组分的谷物。与精制谷物相比，全谷物含有谷物全部的天然营养成分，如膳食纤维、B 族维生素与维生素 E、矿物质、不饱和脂肪酸、植物甾醇素，以及植酸和酚类等植物化合物。

杂豆指除了大豆之外的红豆、绿豆、花豆、芸豆、豌豆、鹰嘴豆、蚕豆等。这些豆类可以整粒通过做粥、入馅等方法食用。杂豆的脂肪含量低，B 族维生素含量比谷类高，富含钙、磷、铁、钾、镁等矿物质。杂豆富含赖氨酸，且与谷类食物搭配食用，可以通过食物蛋白质互补作用，提高谷类营养价值。杂豆类既可以融入主食，也可以融入菜肴中。

7. **土豆为何做主食**

马铃薯（《广西药用植物名录》）异名：土豆、洋番薯等。中医认为其甘，平。归胃、大肠经。有和胃健中、解毒消肿之功。药理作用：其所含大量的黏体蛋白，可保持动脉血管的弹性，防止动脉硬化过早发生。其所含维生素 C、B 族有抗衰老、抗氧化作用。

常见的薯类有马铃薯（土豆）、甘薯（红薯、山芋）。目前，我国薯类作为主食与蔬菜均有食用。从能量来看，薯类的能量（80 ~ 100kcal/100g）比蔬菜高 3 ~ 5 倍，与米饭能量（110 ~ 120kcal/100g）更接近。

薯类是货真价实的低脂、高膳食纤维、高钾低钠的食物，并且富含纤维素和果胶等，可促进肠道蠕动，预防便秘。薯类的维生素 C 含量和其他根茎类蔬菜类似，这是谷类食物中所没有的。红薯还是 β- 胡萝卜素的良好来源。因此，可以做主食、做菜肴、做零食。

8. 粗细粮应科学搭配

（1）粗粮与细粮搭配

精白米（面）可与玉米（面）、小米、高粱米等科学搭配食用，细粮粗粮搭配比例为 2:1 或 1:1。由于粗粮富含膳食纤维、B 族维生素与抗氧化物质，粗细搭配更能吃出营养与健康。

（2）粗细粮与豆类搭配

豆类既含有丰富的碳水化合物，又富含蛋白质及一定量的脂肪与膳食纤维，可使营养更全面，还可提升某些营养素的品质，且口感好。

白米虽然含有蛋白质，但不算优质蛋白质，因为缺少人体必需的氨基酸—赖氨酸，而豆类食品里富含氨基酸，恰好可以弥补白米里氨基酸的缺乏，因此，白米与豆类的组合可以让主食的氨基酸更加完整、立体，更符合人体吸收的需要，且“豆饭”的口感更香浓可口。

细粮与粗粮和豆类的搭配比例为 2:1:1。

（3）粗细粮与薯类搭配

不要把土豆当作菜，土豆与薯类均应划分在主食范畴。

米面与土豆、红薯、魔芋科学搭配，可使人体获得更多、更全面的营养素，缓解进食后血糖上升的速度，还能防治便秘等。但应注意薯类不含蛋白质，若长期单独食用薯类可能引发营养不良性水肿。

（4）杂粮粥或杂粮窝窝头好吃又营养

用大米与小米、薏仁米、紫米、黑米、红豆、黑豆、红薯等食材，再加上南瓜和核桃仁熬制的杂粮营养粥，营养均衡，易于消化吸收，尤其适合肠胃不太好的人以及中老年朋友。提倡依据自己的口味、体质去选择食材，把杂粮粥或杂粮窝窝头作为一种日常食物。

9. 长寿和食用燕麦有关

燕麦能降血脂，降血压等。燕麦有恒定、良好的降血脂作用，不仅能降脂、减肥，且营养十分丰富：含有丰富的蛋白质、不饱和脂肪酸、赖氨酸、食物纤维等，富含食物纤维，可使大便通畅。

燕麦里面有一种可溶性的纤维，使得同样两种食物在同样的热量水平下，添加了燕麦后，血糖的增加会非常平稳，血糖增加值的曲线也会平稳很多，对血糖的控制也更加有利。燕麦对于血脂也是这个作用，对于润肠通便也有这样的作用。因此，养成喝燕麦的习惯，对于健康长寿有益。

燕麦的品种有很多，归结起来有两种。一种是带着壳的，属于粗燕麦；另一种则是剥了皮的，是细燕麦。粗燕麦在食用的时候需要在水里煮一下，而细燕麦则直接冲就可以了。即食燕麦中有些添加了奶精，有些添加了麦芽糊精，有些添加了糖精，有的则加入植脂末，而植脂末是一种反式脂肪酸。虽然说反式脂肪酸小量并不会对身体产生危害，但是当食用量大了之后，就可能使人体产生问题。因此，提倡科学食用生燕麦。

在选购生燕麦时应注意以下几点：

· 看外观。颗粒比较大，相对来说比较粗，天然感觉强的燕麦要比细腻的、有点成粉状的燕麦好。

· 看配方表。在配方表中，有糖精、麦芽糊精、奶精、植脂末的不选择。

· 看蛋白质含量。选择配方表中蛋白质大于 7% ～ 8% 的。

· 看食用方法。煮食相对来说更好，入水即得、入口即化、进口即爽的不要选择。

10. 豆类的营养价值怎样

绿豆可以清热解暑，绿豆当主食食用更好，尤其是夏天。

黄豆中含有高达 40% 的蛋白质，而且黄豆中的蛋白质人体可以高效吸收。在没有肉类的情况下，豆类是最好的蛋白质来源。

黑豆可以补肾，而且含有花青素，还有一些膳食纤维。

11. 玉米的食用价值怎样

玉蜀黍（《滇南本草》）异名：玉米、苞谷、玉高粱等。

中医认为其甘，平。归胃、大肠经。有调中开胃、利尿消肿之功。药理作用：有利尿、利胆、降压、降脂和降糖等作用，富含维生素 K，对维生素 K 缺乏所致凝血功能障碍有治疗作用。

玉米是国际抗癌协会公布的抗癌食品，但要合理食用。玉米含有丰富的膳食纤维，而且玉米油中还含有丰富的不饱和脂肪酸，是一种必需脂肪酸，并含有丰富的矿物质，都是人体需要的，比如镁、磷。另外玉米中还含有玉米黄素，具有良好的抗氧化作用。但是玉米中的蛋白质就一般，缺少一些必需氨基酸。人体所需 8 种氨基酸，玉米和大米里面都缺少赖氨酸。人体对蛋白质的吸收并不是看氨基酸的多少，而是要看它的模式和人的模式是否吻合。因此最重要的还是食物相互搭配，合理膳食。

12. 薯类的食用价值怎样

番薯（《本草纲目拾遗》）异名：红薯、甜薯、甘薯等。甘，平。归脾、肾经。有补中和血、益气生津、宽肠胃、通便秘之功。药理作用：抗肿瘤、预防血小板减少、止血等。

薯类含有丰富的膳食纤维，有白薯、红薯、紫薯。紫薯和红薯、白薯并没有什么质的区别，只是花青素多一些。谷类和薯类是膳食结构的基础，是膳食宝塔的根基。

薯类中含有热量，可以替代粮食；含有丰富的膳食纤维，且容易产生饱腹感；从某种程度上来说，对于减肥美体有很好的效果；薯类在部分恶性肿瘤的防治方面，也有一定的作用。薯类蛋白质含量很少，若长期单独食用会发生低蛋白型水肿型营养不良。

红薯是主食的最佳替代品。熟红薯所含热量与熟马铃薯大约相等，但蛋白质和维生素 C 含量较少，维生素 A 含量更高。红薯是维生素 A 的主要植物来源之一。

红薯的蛋白质质量高，可弥补大米白面中的营养缺失，经常科学食用可提高人体对主食中营养的利用率，使人身体健康，延年益寿。

红薯中膳食纤维比较多，对促进胃肠蠕动和防止便秘极为有益，对预防直肠癌和结肠癌也有一定作用。

红薯中有一种独有的物质，这种物质既防癌又益寿，是一种与肾上腺所分泌的激素相似的类固醇，国外学者称之为“冒牌荷尔蒙”，它能有效抑制乳腺癌与结肠癌的发生。

红薯对人体器官黏膜有特殊的保护作用，可抑制胆固醇的沉积，保持血管弹性，防止肝肾中的结缔组织萎缩与胶原病的发生。

红薯是一种理想的减肥食品。相同数量的红薯只有大米热量的 1/3，而且还富含纤维素和果胶，具有阻止糖分转化为脂肪的特殊功能。

饮食宜忌。红薯在胃中会产生酸，因此，胃溃疡与胃酸过多的患者不宜食用；烂红薯（带有黑斑的红薯）与发芽的红薯可使人中毒，不能食用；红薯粉条在制作过程中会加入明矾，若过多食用会导致铝在体内蓄积，对健康不利。

13. 荞麦的食用价值怎样

荞麦（《千金要方·食治》）：甘、微酸，寒；归脾、胃、大肠经；有健脾消积、下气宽肠、解毒敛疮之功。药理作用：有降血压、降血脂、降血糖作用。荞麦里含有 18% 的纤维素，常吃荞麦的人极少得胃癌、直肠癌、结肠癌。

14. 小米的食用价值怎样

粟米（《名医别录》）异名：小米（粟米）。中医认为其有和中、益肾、除热、解毒之功。药理作用：安眠。尤其晚饭喝小米粥可使人睡得香甜。

胃热消渴：粟米煮饭（《食医心镜》）。

八、科学食用蔬菜水果

1. 成人每人每天该吃多少蔬菜和水果

成年人保证每天摄入 300 ~ 500g（生重）的蔬菜，其中深色蔬菜占一半以上，种类最好在 5 种以上。新鲜水果 200 ~ 350g，果汁不能代替新鲜水果。

2. 餐餐应该有蔬菜，深色蔬菜要过半

日常膳食要讲究荤素搭配，保证餐餐有蔬菜。建议成年人每天摄入 300 ~ 500g 的蔬菜，其中深色蔬菜占一半以上。对于三口之家来说，一般全家每天需要购买 1 ~ 1.5kg 新鲜蔬菜，并分配在一日三餐中。中晚餐每餐至少有 2 个蔬菜的菜品。在单位食堂就餐时，选择的蔬菜也应占全部食物的一半。

（1）深色蔬菜

根据颜色深浅，蔬菜可分为深色蔬菜和浅色蔬菜。深色蔬菜指深绿色、红色、橘红色和紫红色蔬菜，具有营养优势，尤其是富含 β- 胡萝卜素，是我国居民膳食维生素 A 的主要来源，此外，深色蔬菜中还含有其他多种色素物质，如叶绿素、叶黄素、番茄红素、花青素等，以及其中的芳香物质，它们赋予蔬菜特殊的色彩、风味和香气，有促进食欲的作用，并呈现一些特殊的生理活性。所以建议多摄入深色蔬菜，应占到蔬菜总摄入量的一半以上。

（2）选择多种蔬菜

蔬菜品种很多，不同蔬菜的营养特点各有千秋，只有选择不同品种的蔬菜合理搭配才有利于健康。建议挑选和购买蔬菜时，品种要多变换，每天至少达到 5 种以上。

（3）选择新鲜和应季的蔬菜

蔬菜的放置时间过长，不但水分丢失，口感也不好。蔬菜发生腐烂时，还会导致其中的亚硝酸盐含量增加，对人体健康不利。蔬菜最好当天购买当天吃，不要过长时间储存。

（4）腌菜和酱菜不能代替新鲜蔬菜

腌菜和酱菜是一种储存蔬菜的方式，也是风味食物。但是在制作过程中，会使用

大量食盐，还会导致蔬菜中的维生素损失。从营养角度，已经不属于蔬菜类别。因此腌菜和酱菜不能替代新鲜蔬菜。少吃腌菜和酱菜，也有利于降低盐的摄入。

（5）食用这些蔬菜时，要减少主食量

土豆、芋头、山药、南瓜、百合、藕、菱角、荸荠等蔬菜的碳水化合物含量很高，相比其他蔬菜提供的热量更高。因此，在食用这类蔬菜时，要特别注意减少主食量。

3. 留住蔬菜营养的好方法

根据蔬菜特性来选择适宜的加工处理与烹调方法，尽可能地保留蔬菜中的营养物质。

（1）蔬菜生吃

适合生吃的蔬菜，可以作为饭前饭后的“零食”与“茶点”，既保持了蔬菜的原汁原味，还能带来健康益处。

（2）合理烹调

酌情采用：先洗后切，开汤下菜，急火快炒，炒好即食。

4. 蔬菜放在冰箱里损失维生素吗

蔬菜放在冰箱里会损失维生素等，因此，蔬菜最好现买现吃。

5. 最好不吃剩菜

应合理控制菜量，尽量不剩菜。

吃饭的时候大家一边吃一边夹菜，菜中会沾上口腔中的细菌，而细菌进入之后，就会将菜中的硝酸盐变成亚硝酸盐，在体内遇上胺，就会变成亚硝酸铵——一种致癌物质，这是不吃剩菜的原因之一。因此，最好不吃剩菜。

6. 水果应该天天有

水果不仅可口，给人带来愉悦，而且多数新鲜水果水分占 85% ~ 90%，富含维生素 C、钾、镁与膳食纤维（纤维素、半纤维素和果胶）。由于不同的水果甜度和营养素含量有所不同，因此，应酌情食用多种多样、当季时令水果为宜。

水果中通常含有较多的糖，包括果糖、葡萄糖和蔗糖。含糖水果的能量较高，需要控制饮食能量摄入的人最好选择含糖量较低的水果。

尽量吃新鲜水果，少吃水果加工品。常见的水果制品有果汁、水果罐头、果脯、干果等。果汁是由水果经压榨去掉残渣而制成，但加工过程会使水中的营养成分如维生素 C、膳食纤维等有一定量的损失。果脯是将新鲜水果糖渍而成，维生素损失较多，含糖量较高。干果是将新鲜水果脱水制成，维生素有较多损失。水果制品失去了新鲜水果的口感、自然香味等天然特征，维生素等营养素流失较多，因此，不能代替新鲜水果。用水果汁代替水果对儿童健康也不利，除了糖分摄入增多，还易使儿童牙齿缺乏锻炼，面部肌肉力量变弱，应从小养成吃新鲜水果的习惯。

7. 什么时间吃水果最好

餐前、餐后与两餐之间到底什么时间吃水果最好？

餐前吃水果不适合。餐前吃水果相当于有更多的糖与热量吃到胃里去，增加饱腹感和血糖波动，导致对后面吃的食物食欲下降。

当胃比较空的时候，吃个水果，就会感觉有点不太舒服。其原因就是水果里面的有机酸对空空的胃是一种刺激，因此，空腹的时候尽量不要直接吃水果。

餐后，食物全堆在胃里，这时吃水果，起不到马上消化吸收与利用营养素的作用。吃完饭以后，血糖的负担本来就比较重，特别是老年朋友，再吃水果，糖分叠加，血糖的负荷就高上去了，胰腺就更累了，因此，对于老年朋友，餐后吃水果不可取。

因此，水果最宜在两餐之间吃。

8. 蔬果应科学搭配，互相替换不可取

以新鲜蔬菜菜肴为中心，经常尝试新的食谱和科学搭配，让五颜六色的蔬菜水果装点餐桌，愉悦心情，走向健康。

蔬菜、水果品种很多，不同蔬果的营养价值相差很大。只有选择多种多样的蔬菜水果，相互科学搭配，才能做到食物多样，健康膳食。另外，多吃蔬果，也是减少能量摄入的好办法。

尽管蔬菜与水果在营养成分和健康效应方面有很多相似之处，但它们是不同食物种类，营养价值各有特点。蔬菜品种远多于水果，且蔬菜（深色蔬菜）的维生素、矿物质、膳食纤维和植物化合物的含量高于水果，故水果不能代替蔬菜。但在膳食中，水果可补充蔬菜摄入不足。水果中的碳水化合物、有机酸、芳香物质比新鲜蔬菜多，且水果食用前不用加热，其营养成分不受烹调因素影响，故蔬菜也不能代替水果。

九、科学食用鱼、禽、肉、蛋等动物性食物

1. 成人每天应吃多少鱼、禽、肉、蛋?

成人每天鱼、禽、肉、蛋的摄入量应在 120 ~ 200g，有条件者可以优选水产品、禽类和鸡蛋，少吃畜肉与加工肉制品。

2. 吃动物性食物应适量

鱼、禽、蛋与瘦肉是人体优质蛋白质和多种微量营养素的重要来源，但肉类脂肪含量普遍较多、能量高；有些还含有较多的饱和脂肪酸与胆固醇，如果摄入过多可增加肥胖与心血管疾病等的发病风险，因此，此类食物应当适量摄入。建议成人每天摄入 120 ~ 200g 动物性食品，即平均摄入鱼类 40 ~ 75g、畜禽肉类 40 ~ 75g、蛋类 40 ~ 50g。

3. 肥肉还能吃吗

瘦肉是指脂肪含量≤ 10% 的肉类。肥肉通常指白色脂肪部分，脂肪含量超过 30% 的畜肉也叫肥猪肉、肥牛肉、肥羊肉等。这个“肥”字实际上就是指的食物中的“脂肪”含量较高。肥肉是“功”是“过”，在于其含有的脂肪量与脂肪酸的构成。脂肪是人体能量的重要来源，是构成人体组织的重要成分，具有重要的生理功能。但长期摄入量过多，也会成为影响健康的危险因素。脂肪的能量密度高，在等重的情况下，脂肪提供的能量是碳水化合物的 2 倍多，因此，吃肥肉过多易造成能量过剩而导致肥胖，进而成为心血管疾病与某些肿瘤发生的危险因素。肥肉脂肪中的饱和脂肪酸更能明显影响血脂水平，造成高脂血症。有证据表明，血脂水平升高，尤其是血清胆固醇水平升高是动脉粥样硬化的重要因素，而膳食中的饱和脂肪酸则是使血清胆固醇升高的主要脂肪酸。因此，世界卫生组织与《中国居民膳食营养素参考摄入量》（2013 版）均建议饱和脂肪酸的摄入量应低于膳食总能量的 10%。

由上可见，肥肉可以适量地吃，但不宜多吃，吃畜肉时要适量吃瘦肉。

4. 动物内脏食品能吃吗

虽然内脏类食物的营养特点并不完全相同，但总的来说，蛋白质、钾、铁、锌的含量均很高，猪肝中尤其富含维生素 A，且一般内脏食物中的脂肪、胆固醇含量也较高，比如每 100g 猪脑中胆固醇含量高达 2571mg，每 100g 猪大肠中脂肪含量为 18.7g。也正因为猪大肠“脂厚”的特点，才让爱吃它的人吃不停口。但这里面的脂肪大多数是饱和脂肪酸，若长期过量摄入会增加患心血管疾病的风险。因此，对于健康人群，动物内脏可以适量吃，但不能过量；而对于一些慢性病人群，就不要吃了，因为动物内脏中的高脂肪、高胆固醇均会对血脂产生影响。

5. 尽量不吃或少吃烟熏、腌制肉制品

世界卫生组织已有令人信服的循证证明，烟熏盐浸加工肉制品致结肠癌，因此，应尽量不吃或少吃烟熏、腌制肉制品。

6. 吃动物性食物应优先选择鱼和禽

畜肉的脂肪含量较高，以猪肉为最高，平均在30%左右，其次是羊肉在15%左右，牛肉5%左右。禽肉脂肪含量差别较大，鸡肉在9%～14%，鸭肉20%。而鱼肉的脂肪含量最低，在1%～10%（这里比的是平均值，实际上，即便是同一种动物，不同食用部位脂肪的含量也是不一样的）。脂肪含量高的食物，在同等食物重量的条件下，会提供更多的能量。

除了脂肪含量不同外，它们所含脂肪的脂肪酸的组成比例也不一样。畜肉以饱和脂肪酸为主，禽肉以单不饱和脂肪酸为主，鱼类多以多不饱和脂肪酸为主。目前研究认为，饱和脂肪酸的过多摄入会对心血管系统带来危害，而适量摄入单不饱和脂肪酸和多不饱和脂肪酸对机体健康有一定的保护作用。

鱼类脂肪含量相对较低，且含有较多的不饱和脂肪酸，有些鱼类富含二十碳五烯酸（EPA）和二十二碳六烯酸（DHA），对预防血脂异常和心血管疾病等有一定作用，因此，可首选鱼类；禽类脂肪含量也相对较低，其脂肪酸组成优于畜类脂肪，故应先于畜肉选择。

7. 减少煎炸，合理烹调

高温油炸时，食物中的营养素会遭到破坏；食物中的蛋白质、脂肪在高温油炸或烧烤时，会产生一些具有致癌性的化合物；还会增加食物的脂肪含量。炸猪排、炸鸡翅、煎鱼、烤鱼等虽然更能增加食物的美味，促进食欲，但会带来更多的健康风险，因此，应该少用烧、煎、烤、炸的方法，最好采用蒸、煮、炖、煨和炒的方法。如果一定要使用煎炸的烹调方法，可以采用一些保护性措施，如用淀粉上浆挂糊。

8. 炖汤，喝汤更要吃肉

一些人喜欢炖汤，如鸡汤、鱼汤、骨头汤等，但认为汤的营养好，喝完汤之后剩下的肉没有什么营养了，就全部丢弃了。其实汤中除了水外，其他营养物质均是来自煲汤的原料。但原料中的营养物质并不是全部溶解在汤里，只有部分水溶性维生素、矿物质、脂肪、蛋白质溶解在汤里，其他的营养素还被留在了肉里。因此，喝汤的时候也要吃肉，才能更好地获得食物中的营养物质。

9. 一天应吃几个蛋

鸡蛋中的营养素不仅含量丰富，而且质量也很好，是营养价值很高的食物。鸡蛋蛋白质含量在12%，氨基酸组成与人体需要最为接近，优于其他动物蛋白质。脂肪含量为10%～15%，主要存在于蛋黄中。蛋黄中的维生素种类齐全，包括所有的B族维生素、维生素 A、维生素 D、维生素 E 和维生素 K，以及微量的维生素 C。矿物质钙、磷、铁、锌、硒的含量也很丰富。

每 100g 全蛋中的胆固醇含量大约是 585g，每 100g 蛋黄中更是高达 1510mg。如果吃 1 个鸡蛋的话，摄入的胆固醇在 200mg 左右。曾经很多膳食指南均建议每天摄入的胆固醇应少于 300mg，让很多人止步于“蛋”前。不过，近期的研究表明食物中的胆固醇并没有那么可怕，《中国居民膳食营养素参考摄入量》(2013 版)已经取消了对于膳食胆固醇的限制。

取消胆固醇的上限，是否就可以放开吃？

胆固醇是人体需要的重要成分。人体各组织中都含有胆固醇，它是许多生物膜的重要组成成分。胆固醇是体内合成维生素 D_3 及胆汁酸的前体，而维生素 D_3 负责调节钙磷代谢，胆汁酸能乳化脂类使之与消化酶混合，是脂类和脂溶性维生素消化与吸收的必需条件。

人体自己有合成胆固醇的能力，每天合成出来的量要远远大于通过膳食摄入的量。大部分的健康机体会有效地调节吃进去的胆固醇和合成出来的胆固醇，使其在体内保持一个平衡的状态。但对于某些患有代谢性疾病的人群来说，这个能力会受到一定的影响，所以需注意，额外多摄入的胆固醇会影响血脂的代谢。血脂是血中所含脂质的总称，主要包括胆固醇和甘油三酯。现有研究结果证实，高胆固醇血症最主要的危害是易引起冠心病与其他动脉粥样硬化性疾病。

有许多研究已经证实，对于健康人来讲，每天吃 1 个鸡蛋，对血清胆固醇水平影响很小，而其带来的营养效益要远高于其所含有胆固醇的影响，因此没有必要在意 1 个鸡蛋中的两百多 mg 的胆固醇。因此，建议每日吃 1 个鸡蛋，蛋白蛋黄都要吃。

十、科学食用奶类、大豆和坚果类

1. 成人每人每天应该食用多少奶类、大豆和坚果

成人每人每天应摄入相当于鲜奶 300g 的奶类及奶制品；大豆包括黄豆、黑豆、青豆，其常见的制品包括豆腐、豆浆、豆腐干及千张等。大豆和坚果制品每人每天摄入量共为 25 ~ 35g，其中坚果每天 7 ~ 10g（只计算果仁部分）。10g 的坚果仁如 2 ~ 3 个核桃，4 ~ 5 个板栗，一把松子仁（相当于一把带皮松子 30 ~ 35g）。

2. **每天喝一杯奶**

奶类系一种营养成分丰富、组成比例适宜、易消化吸收、营养价值高的天然食品，目前市场上常见的主要有液态奶、酸奶、奶酪、奶粉等。奶类能提供优质蛋白质、维生素 B_1、维生素 B_2 和钙等。牛奶中蛋白质含量平均为 3%，其必需氨基酸比例符合人体需要，属于优质蛋白质。脂肪含量约为 3% ~ 4%，以微脂肪球的形式存在。奶中的乳糖能促进钙、铁、锌等矿物质的吸收。酸奶经过发酵，乳糖、蛋白质与脂肪均有部分分解，更容易被人体吸收，是膳食中钙和蛋白质的良好来源。经过发酵的酸奶含有丰富的益生菌，对人体健康益处良多。

牛奶中富含钙，且是膳食中最容易被吸收的钙的来源。目前我国居民膳食钙摄入一直处于较低水平，因此，建议奶类的摄入量为每天 300g。

3. **乳糖不耐受者怎样饮奶**

乳糖不耐受是指一些人体内缺少能分解乳糖的酶，在喝牛奶后会出现腹胀、腹泻或腹痛等不适症状。乳糖几乎存在于所有动物的奶中，只是通过加工后的奶制品乳糖含量较少或几乎没有。下面的方法可帮助乳糖不耐受者减轻症状：

（1）选择酸奶、奶酪等发酵型奶制品。

（2）选择低乳糖奶，可通过查看食品标签了解乳糖含量高低（奶制品营养标签中的碳水化合物主要指乳糖）。

（3）每次少量饮奶，分多次完成每日推荐量。

（4）不空腹饮奶，可与其他谷类食物同时食用。

4. **早餐奶不能代替早餐**

早餐奶系在奶里添加了一些东西，让其口味更加贴近早餐，但却起了稀释的作用。正常 100g 牛奶中蛋白质的含量应该在 2.9 ~ 3.1g，可早餐奶中才 2.4g 左右。早餐奶的配料中有水、生牛乳、果粒、白砂糖……水在配料表中是第一位，表明其中的水比牛奶还多，其实早餐奶是添加了水、糖的饮料。有的牛奶饮品中则写的是乳酸饮料，因此，早餐奶是饮料而不是奶，更不能代替一顿正常的早餐。

5. **舒化奶、有机奶、脱脂奶、高钙奶是怎么回事**

舒化奶的特点在于乳糖不耐受的人也可以喝。牛奶中含有乳糖，乳糖到人体内需要乳糖酶来分解，若没有这个酶，乳糖到肠道——小肠就不会被分解，而是直接完整地进入了大肠，大肠中的细菌作用在乳糖上，就会出现腹泻等状况。舒化奶就是将牛奶中的乳糖进行一定程度的分解，相对来说耐受性就好。若没有乳糖不耐受，就没有必要买舒化奶。

有机奶是从奶牛的喂养过程到最后的制作过程均在无污染的环境中，实现了有机化，但实际上价钱与营养并没有成正比。

脱脂奶对于血脂高、肥胖和部分老年人来说会更安全一些，但比较瘦的人、小孩子还是需要其中的脂肪，还是要喝普通的牛奶。

高钙奶说的是含钙量高，但喝牛奶最重要的是吸收率，人对于钙的吸收有一个饱和量，往里面多添加钙并不一定能吸收，且过量补钙有时候还适得其反。因此，需要补钙的人可以每天坚持喝两袋奶，但不要盲目进补高钙奶。另外在平时适量锻炼、晒太阳也可以补充钙。

6. 怎样挑选牛奶

（1）没有添加任何成分的奶最好。

（2）看消毒方法挑选。牛奶的消毒方法有两种，一种是高温消毒，但其中的营养会有损失；另一种是巴氏消毒，温度比较低，且不会破坏营养，但巴士消毒奶需要冷藏，保质期也短，推荐选购新鲜屋包装的。因此，可以将巴氏消毒奶与普通高温消毒奶交替来喝。两种奶的比较见表 2–2。

表 2–2　高温消毒奶与巴氏消毒奶比较

品种	保质期	消毒方法	营养价值	保存方法	价格
高温消毒奶	45 天左右	100 多摄氏度高温	一般	常温	4 元 /500mL
巴氏消毒奶（新鲜屋）	7 天左右	70 摄氏度低温	较高	冷藏	9 元 /500mL

（3）看配料、看保质期、看出厂日期。

（4）看奶挂杯，辨质量。将买来的牛奶（没有煮过或微波炉加热过的）迅速倒入干净的透明玻璃杯中，然后慢慢倾斜玻璃杯，若有薄薄的奶膜留在杯子内壁，且不挂杯，容易清洗，就是原料新鲜的牛奶，这样的奶是在短时间内就送到加工厂，而且细菌总数很低。若玻璃杯上的奶膜不均匀，甚至有肉眼可见的小颗粒挂在杯壁，且不易清洗，那就说明牛奶不够新鲜。

（5）滴奶辨质。往冷水碗里滴几滴牛奶，奶液凝固沉底者为质量较好的牛奶，浮散的说明质量欠佳。

（6）看奶皮，辨质量。牛奶煮开冷却后表面结有完整奶皮的是好牛奶，表面奶皮呈豆腐花状的则不好。

（7）同等价位产品，选择脂肪含量高的。一般原料奶的乳脂肪含量越高，质量就越好。跟蛋白质不一样，乳脂肪极少出现人工添加化学物质掺假的情况，而蛋白质含量高不代表牛奶质量一定好。

（8）同等脂肪含量产品，选择低温灭菌的。低温灭菌产品营养素保留更全面。若不介意价格，选择新鲜屋包装的牛奶，更能保持牛奶的新鲜度与美味。

（9）若饮用量小，可以选择较小包装的。选择小包装的牛奶以免开封后因保存不当而变质。

7. 牛奶该怎么喝？

凉牛奶用热水焐热，或者于室温中静置到正常温度就可以喝。若喜欢喝热牛奶，正确的加热方法是先将牛奶倒入锅内，然后再加热，加热的过程中要边加热边搅拌，有些钙在煮的时候可能被析出来，搅拌后可以让钙回溶。现在市面上的牛奶均是消毒过的，因此没有必要煮沸甚至煮沸 2 次。至于煮奶的容器并没有太多的讲究，但尽量少用或不用铝锅。

喝牛奶可以补充糖尿病患者尿液中流失的钙，钙对高压（收缩压）的控制也有关系，牛奶中的钙摄入后，可以使脂肪细胞的合成减少，从某些意义上来说还可以减肥。美国的一些研究发现，高钙饮食人群的体脂肪的降低比低钙饮食人群要好得多。因此，糖尿病、高血压患者也可以适量喝牛奶，更没必要担心适量喝牛奶会增肥。

成人 1 天究竟该喝多少牛奶呢？ 250mL 的袋装牛奶最好 1 天 1 袋，也可以早晚各 1 袋，但不能高于 1 天 500mL 的量。

8. 喝牛奶有禁忌吗？

喝牛奶有四忌：

（1）忌空腹喝牛奶

一是空腹喝牛奶容易腹泻。二是空腹喝牛奶后，牛奶在胃肠道通过时间加快，在胃内停留时间变短，排空时间变快，导致吸收效率差。因此，喝牛奶时应配上固体食物，最好是配上主食。

（2）忌牛奶与茶、咖啡一起饮用

牛奶中含有丰富的钙离子，茶叶中含有单宁酸，钙与单宁酸反应会产生不溶解的钙盐，影响钙的吸收。咖啡中的咖啡因则是强脱钙剂。

（3）忌用高温或低温方式处理牛奶

从营养角度来说，高温会使奶中的酪蛋白、乳清蛋白变性；即使是用 100℃的开水来冲，也达不到消毒作用。其实，用 60 ～ 70℃的温开水冲奶粉是最合适的。

牛奶不宜高温久煮，因为牛奶中的蛋白质在高温的作用下会由溶胶状态变成凝胶状态，导致沉淀物出现，营养价值降低。正规厂家生产的鲜牛奶都是经过巴氏消毒法消毒的。

牛奶不宜冷冻储存，因为冷冻会使牛奶中的蛋白质变性，导致脂肪分层，且解冻后，蛋白质与脂肪沉淀、凝固，既不利于人体的吸收，也会使牛奶的营养价值大为降低。

（4）忌用牛奶送服药物

牛奶中所含蛋白质与多种金属离子结合，会影响一些含金属离子的药物在人体内发挥正常药效，因此，服药与喝牛奶最好间隔一段时间。

9. 酸奶是怎么回事

酸奶是由纯牛奶发酵而成，除保留了鲜牛奶的全部营养成分外，在发酵过程中乳酸菌还可产生人体必需的多种维生素，如维生素 B_1、维生素 B_2、维生素 B_6、维生素 B_{12} 等。酸奶比牛奶更易消化和吸收，各种营养物质的利用率也随之提高。尤其是对乳糖不耐受者，喝酸奶基本不会发生腹胀、气多或腹泻的现象。因此，不爱喝牛奶的人，完全可以通过喝酸奶来替代牛奶。

酸奶“两菌”要必备。保加利亚乳杆菌与嗜热链球菌是酸奶中必备的两种菌。传统的酸奶就是由保加利亚乳杆菌与嗜热链球菌这两种益生菌发酵而成的。目前许多酸奶产品中添加的益生菌都被冠以看似非常专业的名称，其实本质上还是这几种常用菌，根本无须额外添加，只要在包装盒上标明含这两种菌就可以了。

肠道菌群是生态平衡的卫士。酸奶中的有益菌群不但能防止便秘，而且能防止腹泻，具有双向调节作用。有些人喝酸奶会拉肚子，是因为酸奶温度较低，肠胃受凉的缘故。酸奶温度偏低，肠胃敏感人群可采用下列方法食用：①在室温下放置一小会儿或用手捂热一会儿再喝。②口腔加热。在吃凉食的时候，不要马上下咽，在嘴里含一会儿再咽。

10. 怎样挑选酸奶

（1）酸奶“两菌”要必备。保加利亚乳杆菌与嗜热链球菌是酸奶中必备的两种菌。

（2）酸奶选稀不选稠。酸奶太浓稠可能是添加了增稠剂，“浓稠”并不意味着其营养价值升高。在购买酸奶时，可选择稀一点儿的产品，不要选择那些过于浓稠的。酸奶的含钙量及其他营养素的含量与黏稠度不成正比。

11. **常吃适量豆制品**

大豆包括黄豆、黑豆与青豆。大豆含有丰富的优质蛋白质（约 35% ~ 40%），富含谷类蛋白质缺乏的赖氨酸，是与谷类蛋白质互补的理想食品。大豆中脂肪含量约为 15% ~ 20%，其中不饱和脂肪酸占 85%，亚油酸高达 50%，还含有较多对心血管健康有益的磷脂。大豆还富含钾、钙与维生素 E 等。另外，大豆还含有多种有益于健康的成分，如大豆异黄酮、植物固醇、大豆低聚糖等。这些成分对预防心血管疾病、骨质疏松，改善女性绝经期症状等均有积极的作用，因此，应经常适量食用大豆制品。

大豆制品常以其制作方法分为两类：

（1）非发酵豆制品：豆浆、豆腐、豆腐干、豆腐丝、豆腐脑、豆腐皮、香干。

（2）发酵豆制品：豆豉、豆瓣酱、腐乳。

豆制品是极好的肉类替代品，是素食人群最主要的蛋白质来源。

通常发酵豆制品在制作过程中会加入大量盐，应适量摄入。每周可用豆腐、豆腐干、豆腐丝等制品轮换食用。

自制豆芽、豆浆是常用的较好方法。

12. **坚果好吃别过量**

坚果包括树坚果类的核桃、栗子、腰果、开心果、扁桃仁、杏仁、松子、榛子、白果和种子类的花生、葵花子、南瓜子、西瓜子等。从营养特点上区分的话，坚果可以分成富含淀粉类与富含油脂类。其中除栗子、莲子的淀粉含量较高，其他均富含油脂。

坚果属于高能量食物，含有多种不饱和脂肪酸、矿物质、维生素 E 和 B 族维生素，适量摄入有益健康。每人每周吃 50 ~ 70g（只计算果仁部分）有助于心脏的健康。但好吃的坚果极容易在不知不觉中吃掉很多，会增加总能量摄入，造成能量过剩。

坚果可以作为零食食用。在两餐之间适量补充坚果类食品，既可丰富食物种类，又可补充营养；坚果可以烹饪入菜，作为烹饪的辅料，加入正餐中，如西芹腰果、腰果虾仁等；坚果还可以与大豆、杂粮等一起做成五谷杂粮粥，与主食类食物一起搭配食用。

需要注意的是，坚果最好选择原味的，因为加工过程通常会加入较多的盐、糖或油脂，应注意阅读食品标签与营养成分表，尽量少吃加工坚果。

十一、科学食用油和盐

1. 多食油易肥胖

烹调油包括动物油与植物油。常见的植物油有大豆油、花生油、葵花籽油、菜籽油、芝麻油、玉米油、橄榄油等；常见的动物油有猪油、牛油、羊油、奶油（黄油）、鱼油等。烹调油的主要成分是脂肪，脂肪具有重要的营养作用，如提供能量、组成细胞的重要成分等，食物中的脂肪能促进脂溶性维生素的吸收。但烹调油是一种高能量的食物，每克脂肪可以产生 9kcal 能量，多吃油就是多摄入能量，如果长期多食油，摄入的能量没有消耗掉就会积累下来，变成脂肪储存在体内，日积月累就可能导致超重甚至肥胖。而肥胖是高血脂、高血压、糖尿病、动脉粥状硬化、冠心病、脑卒中等慢性病的主要危险因素。因此，为了健康，最好适当少吃油。

2. “美味”不油多的窍门

炸、煎等烹调方法极容易做出促进食欲的菜肴，但是这些多油的烹调方法会增加食品的含油量，使其成为高能量食品。且反复高温油炸更会产生多种有害物质，不利于人体健康。

采用蒸、炖、煮、水滑等烹调方法，适当吃凉拌菜，用酸、辣等调味适当调节菜肴的口味，同样可以做到少用油，菜好吃。

低油美食巧烹饪：

（1）使用带刻度的油壶或者油勺，做到量化用油；在烹调的时候看一看、想一想，再放油。

（2）蔬菜采用白灼、蒸、凉拌的方法，减少“炒”的频率。

（3）动物性食材可用蒸、炖、煮、烤的方法代替油炸、油煎。

（4）用适量柠檬、辣椒等调味品，让菜色口感更丰富。

3. 远离食品中的反式脂肪酸

常用植物油的脂肪酸均属于顺式脂肪酸，而部分氢化的植物油可产生反式脂肪酸，如人造黄油、起酥油等中均含有一定量的反式脂肪酸。除此之外，在植物油精炼以及植物油反复油炸的过程中也可形成一些反式脂肪酸。

研究表明，反式脂肪酸摄入量过多可升高低密度脂蛋白胆固醇、降低高密度脂蛋白胆固醇、增加患动脉粥样硬化与冠心病的危险性。反式脂肪酸还会干扰必需脂肪酸代谢，可能影响儿童的生长发育与神经系统健康。

目前我国居民膳食中的反式脂肪酸主要来自加工食品，如使用人造黄油的蛋糕、含植脂末的奶茶等。

怎样才能辨别食品中是否使用了氢化油脂呢?

依据食品安全国家标准《预包装食品标签通则》(GB 7718-2011)，市场上售卖的已经包装好的食品标签上，必须写明它的配料。因此，若配料表里出现了“氢化植物油”“植物奶油”“植物黄油”“人造黄油”“人造奶油”“植脂末”“麦琪林”“起酥油”等词语，就说明是氢化植物油相关的产品，但氢化植物油并不等于反式脂肪酸。食品中到底有没有反式脂肪酸，还要进一步看它的《营养成分表》。《预包装食品营养标签通则》(GB 28050-2011)中规定：如果配料中使用了氢化植物油，那么“营养成分表”中应标注反式脂肪酸的含量，不过如果反式脂肪酸的含量低于0.3g/100g或者0.3g/100mL，可以标注“无”或者“不含反式脂肪酸”。

远离反式脂肪酸的方法：

(1)多选用天然食品。

(2)学会看食品标签，少买或少吃含有“部分氢化植物油”“起酥油”“奶精”“植脂末”“人造奶油”的预包装食品。

(3)少吃油炸食品，少用煎、炸等烹饪方法。

4. 什么是“地沟油”

“地沟油”是一个泛指概念，具有三种主要的来源途径。

(1)收集餐饮业的剩余饭菜或餐馆、酒楼下水道中的油腻漂浮物，经重新提炼后得到的油脂，这是目前生产“地沟油”最主要的途径之一。

(2)将没有经过卫生检疫的病猪、病鸡，或者已腐败变质的禽肉、畜肉制品，包括动物内脏与皮下脂肪，加工提炼后得到的油脂。

(3)将经过反复多次高温烹饪后的煎炸油等，兑入新鲜油脂，再循环使用。

5. “地沟油”用于食品加工和餐饮是违法行为

将“地沟油”用于食品加工与餐饮，是《中华人民共和国食品安全法》禁止的违法行为。

6. 怎样安排就餐才能远离“地沟油”

(1)尽量少在餐饮店就餐

为了追求利润最大化，一些餐饮单位采购与使用廉价的烹饪油，且会经常使用反复煎炸的油脂。因此，在外就餐接触地沟油的可能性比较大。

（2）警惕黏度太大的食用油脂

在外就餐时，若发现菜肴油脂腻口、黏度很大，使用地沟油或劣质油的可能性极大。新鲜合格的植物油滑爽且容易流动，绝无油腻之感；而反复使用的劣质油口感黏腻，吃起来没有清爽感，甚至在热水中都很难刷掉。

（3）在外就餐时，多点蒸煮与清淡的菜肴

过于油腻、煎炸的菜，包括油炸主食、酥香面点、油焖的蔬菜等要少吃。尤其需要注意的是，有些菜虽然没有油炸，但经过“过油”的工序，比如特别嫩的肉丁、鸡丁等，也有可能接触了“地沟油”。

（4）尽量少吃汤底厚重的火锅与色深味辣的食物

厚重的“红油”火锅、麻辣烫，往往成了隐藏“地沟油”不良颜色与风味的挡箭牌，而汤色浅淡、本色滋味的菜肴，为了突出食材的自然新鲜，使用“地沟油”的机会相对较少。

7. 如何远离“地沟油”

（1）尽量不购买非一次性包装的散装食用油与周转桶装食用油

“地沟油”掺入新鲜油脂后，主要以散装食用油与周转桶装食用油的形式销售给乡镇与农村居民。这是由于正规品牌油脂的一次性包装成本高，而农村地区的货源少，因此给了“地沟油”以可乘之机。

（2）查看“QS”标志与条形码

选择安全的食用油，一定要看产品标签。确认标签上是否有“QS”标志，即国家规定的食品质量安全认证标志。印有商品条形码的食用油，还要看其条形码印制是否规范，是否有改动的迹象，谨防不法商家随意更换标志，擅自更换食用油标签。

（3）注意食用油脂的生产厂家与保质期

仔细辨别产品标签上的商品名称、配料表、质量等级、净含量、厂名、厂址、生产日期、保质期等内容。尽量选择等级高、品牌正的产品，重点关注产品的保质期，以免买到过期、氧化酸败的油脂。消费者还可以根据标签，选择生产工艺是“压榨”或“浸出”的产品，并了解产品原料生产国，以及是否使用转基因原料等信息。

（4）特别要注意查看食用油脂是否容易在室温或较低温度下凝结析出

对于可疑的食用油脂产品，可以结合油脂凝固点的方法，初步判断是否是“地沟油”。这是由于地沟油中往往混有动物脂肪与胆固醇，在较低的温度（15℃）下就会有部分固态脂肪析出，出现混浊，影响油脂透明度。常被“地沟油”冒名的米糠油和棉籽油，在我国产量有限，基本只在原产地销售；而大豆油、葵花籽油、菜籽油、花生油和玉米油，即使在冷藏温度（5℃）下，都不会有固态脂肪析出。

（5）辨别食用油脂的气味与滋味

气味与滋味是食用油的主要感官特征。不同油脂产品，尤其是颜色较深的粗油，应具有每种油脂特有的气味与滋味，而不应出现外来的气味与滋味。若植物油有明显的动物脂香味，或者辛辣味、焦味、酸败味，很可能就是“地沟油”。

（6）重视食用油脂的颜色

一般来说，加工精度越高的油脂色泽越淡。一级油比二级油、三级油、四级油的颜色要淡，这是国家标准规定的。同一品种、同一级别的食用油，颜色不应有太大差别，若同一等级的一桶油颜色比另一桶深，就可能混有“地沟油”。但不同品种油脂之间的颜色没有可比性。

8. 高盐饮食易患高血压

钠是人体必需的营养素，可以维护体液电解质平衡与神经系统功能。食盐系钠的主要来源，每克盐中含钠400mg。科学研究表明，高钠摄入量会升高血压，而降低钠的摄入量，会有效降低高血压患者的血压。高盐饮食会改变血压昼高夜低的变化规律，变成昼高夜也高，导致发生心脑血管意外的危险性大大增加。超重与肥胖者的血压对食盐也敏感。因此，每天食用的食盐不应超过5g为宜。

9. 警惕食物中“看不见”的盐

有许多盐隐藏在加工食品与调味品中，一不注意就多吃了盐。

调味品如味精、鸡精、酱油、酱豆腐、辣椒酱、黄酱、甜面酱、苏打、调料包、汤料包等，均是高盐高钠；普通食品如腊肉、奶酪、挂面、火腿、虾皮、榨菜等均含有盐；话梅、薯片、椒盐花生等零食中也均含有盐。因此，在考虑每天盐的摄入量时，千万不要忽略了这些“看不见”的盐（见表2-3）。

表2-3　调味品和加工食品中的钠含量

食品名称	钠（mg/100g）	食品名称	钠（mg/100g）
酱油	5757	方便面	400~800
豆瓣酱	6012	饼干（夹心）	303
甜面酱	2097	饼干（咸）	697
腐乳（红）	3091	海苔	1599
榨菜	4253	薯片	508
味精	8160	麦片	318
鸡精	18864.4	奶油五香豆	1577.0

《预包装食品营养标签通则》（GB 28050-2011）中规定，在食品标签的营养成分表上强制标示钠含量，因此，在购买加工食品时，只要找到它的“营养成分表”（见图2-1），就可以知道这份食品中的钠含量了！

一般来讲，钠超过30%NRV的食品要少购少吃。

项目	每100g	NRV%
能量	1587kJ	19%
蛋白质	7.4g	12%
脂肪	13.2g	22%
碳水化合物	58.4g	19%
钠	200mg	10%

图2-1 营养成分表

10. 吃高钾低钠盐是预防高血压的好选择

预防高血压，提倡“高钾低钠”饮食。

高钾低钠盐的主要成分是钾离子而非钠离子。许多研究表明，钾离子对心血管系统具有保护作用，适量地摄入富含钾离子的食物对控制血压有一定的好处。将会导致血压升高的“钠盐”换成可以控制血压的“钾盐”，是一个比较健康的选择。

研究表明，每日盐的摄入量从10g下降到4g的时候，可使收缩压下降2mmHg，若再加上补充钾离子的作用，可以进一步下降2mmHg。

吃高钾低钠盐应注意几点：

（1）高钾低钠盐相对于普通盐来说，味道不是很咸，但还是要遵循每天5g盐的原则，不要因此而过量。

（2）肾功能不全的人应禁用高钾低钠盐，否则容易造成钾离子过高，引发高钾血症。

11. 挑选酱油的智慧

挑选酱油时要会看食品标签：

（1）看产品标准，选择标有GB18186的酿造酱油。

酿造酱油：以大豆加工副产品为原料经发酵制成，采用传统的生产方法，有国家标准（GB18186-2000）的严格规定。

（2）看配料表，配料表中有“氨基酸水解液”类字样的为配制酱油。

配制酱油：有一种是用“水解蛋白液”（即“氨基酸液”）调制而成，如果加工技术不好，水解蛋白过程中还会产生对身体有害的物质；还有一种是在混入一些酿造酱油原汁的基础上调制而成。

（3）看氨基酸态氮和质量等级：一般来说，“氨基酸态氮”含量越高，则酱油品质越高，鲜味也会越浓。根据这个指标，酱油可以分为不同的等级。

合格酱油：“氨基酸态氮”含量不得低于 0.4g/100mL；

特级酱油：“氨基酸态氮”含量高于 0.8g/100mL，品质最好。

十二、怎样通过饮食提高学习效率

1. 提高记忆力的食物

不合理膳食会导致大脑营养不够，影响学生的记忆力，尤其影响考生在考场的发挥。吃什么、怎么吃才能提高记忆力是每个学生与家长，尤其是考生急于知道的问题。那么，适量吃什么食物才能对提高学生的记忆力有帮助呢？

（1）辣椒。辣椒的维生素 C 含量是蔬菜中最高的，同时还含有丰富的胡萝卜素。重要的是，辣椒含有的辣椒碱能增加学生的食欲，促进新陈代谢与血液循环，使学生思维活跃、精力充沛、反应敏捷。

（2）胡萝卜。胡萝卜含有丰富的维生素 C，可促进新陈代谢，且含有较多的胡萝卜素，能消除大脑疲劳。

（3）菠菜。菠菜含有丰富的维生素 A、维生素 C、维生素 B 与大量叶绿素，能促进脑细胞的新陈代谢，具有补脑健脑的作用。菠菜是最廉价的健脑蔬菜。

（4）菠萝。菠萝含有丰富的维生素 C 与微量元素，经常适量吃菠萝能起到提神的作用，帮助学生提高记忆力。

（5）橙子。橙子含有大量的维生素 C、维生素 A、维生素 B，为碱性水果。若人体内有过多的酸，就会易疲劳，适量食用碱性食物能中和一部分酸，使人感到轻松、有精神，头脑清晰。

（6）苹果。苹果含糖低、水分低，是一种很好的抗氧化水果，能让人保持活力，对提高记忆力很有帮助。

（7）小米。小米具有缓解失眠、安神养胃的功效。学生适量吃小米，有助于健脑，增强记忆力。

（8）花生。花生含有丰富的脂肪、卵磷脂、脑磷脂，是脑神经系统所需的重要物质，能延缓衰老，预防脑血栓，增强记忆力，促进人体血液循环。

（9）玉米。玉米含有大量的不饱和脂肪酸，有保护心脑血管的作用，且能促进脑细胞的活动。学生适量吃一些玉米，可提高记忆力。

（10）牛奶。牛奶是人体钙的最佳来源，且其钙含量与蛋白质十分丰富，还含有人脑所需的氨基酸。牛奶完美的营养成分能促进大脑发育，完善脑结构，促进脑细胞的新陈代谢，还能提高睡眠质量。因此，学生可酌情在睡前喝一杯牛奶帮助睡眠。

（11）鸡蛋。研究证明，记忆力和大脑中一种被称作乙酰胆碱的物质有关。鸡蛋含有丰富的卵磷脂，当卵磷脂被分解后就会生产出大量的乙酰胆碱，通过血液进入大脑，增强人的记忆力。学生每天吃 1 ~ 2 个鸡蛋，可提高记忆力。

（12）鱼类。不论是淡水鱼还是深海鱼，均含有丰富的蛋白质、不饱和脂肪酸与钙，能保护人的心脑血管，促进脑细胞活动，提高记忆力。

2. 抗疲劳的食物

合理膳食，不但能保证营养的全面摄入，而且有助于缓解疲劳，让学生精力充沛，提高学习效率。

（1）碱性食物。当体内酸性物质聚集到一定程度时，人就会感到疲劳不堪，具体表现为四肢乏力、肌肉酸懒、反应迟钝。若适量吃一些碱性食物，使体内达到酸碱平衡，就能有助于缓解疲劳。牛奶、豆腐、葡萄、海带、菠菜均属于碱性食物，适量食用能起到缓解生理疲劳与心理疲劳的双重作用。

（2）水果蔬菜。水果与蔬菜能为人体提供必要的维生素与矿物质。蔬菜中的韭菜、菠菜、黄瓜、西红柿、油菜、胡萝卜含有维生素 A，能保护视力，活跃思维。另外，蔬菜中含有的钾、钙、镁等碱性离子能中和人体内过多的酸性物质，促进酸碱平衡，使人神清气爽，全身轻松。蔬菜不能代替水果，因为蔬菜没有水果所含的大量葡萄糖，而葡萄糖能促进大脑细胞活动，所以适量食用蔬菜的同时别忘了适量食用水果。

（3）高钙食物。高钙食物能使人的身体得到放松，适量吃一些高钙食物能帮助学生，尤其是考生提高睡眠质量，放松精神。高钙食物有鸡蛋、鱼、豆制品、牛奶等，其中牛奶不仅是强碱性食物，能中和酸性物质，使肌肉与神经得到放松，同时牛奶还能释放一种氨基酸，具有镇定催眠的作用，能促进睡眠。

（4）粗粮。由于学习繁重，学生精神压力大，加之长期久坐运动量少，易上火、便秘。粗粮含有大量的膳食纤维，而膳食纤维能促进肠胃蠕动，促进排便，因此，学生平时可适量食用粗粮，利于通便，缓解压力。常见的粗粮有小米、大豆、绿豆、玉米、糙米、白薯等。

（5）含维生素 B 食物。B 族维生素是缓解压力、消除疲劳不可缺少的物质。含有维生素 B 的食物有动物肝脏、鸡肉、牛肉、蘑菇、谷物等。含有维生素 B2 的食物有肉、蛋、奶、黄豆、花生、豌豆等。学生可适量吃一些含 B 族维生素的食物，特别是早晨这段时间，正是大脑最需要能量的时候，更要注意适量食用富含维生素 B 的食物。

（6）肉类、豆类。学生容易偏食，摄取食物单一，容易造成营养摄入不足。因此，不爱吃肉的学生，可适量吃一些鱼肉、鸡肉，不爱吃豆制品的学生也可以适量吃一些鱼肉，但均应搭配适量蔬菜。

十三、考生怎样科学安排膳食

1. 考生需适量补充哪些营养

考生在考前复习阶段与考试期间的合理营养特别重要。考生除了吃饭与休息外，大部分时间处在忙碌的学习状态中，身体与大脑对营养物质的消耗量就会增加。考生用脑多时，对葡萄糖与氧的需求就多；考生处在生长发育时期，新陈代谢旺盛，对氨基酸、蛋白质、钙、铁、锌、镁、钠的消耗也大。若此时营养摄入不合理，就会造成缺钙、消瘦、易感冒、抵抗力下降，还会影响到大脑发育，引起考生视力减退、反应迟钝、记忆力下降。因此，考生对营养摄入有一些特殊的需求。

（1）适量食用含糖食物。大脑工作时，消耗的主要能量是糖，若血糖不足，大脑就无法正常地高效工作，可以说糖是大脑的燃料。而低血糖又会造成大脑供氧量不足，使人头脑发蒙，无法集中精力学习。血糖是由碳水化合物转化而来，碳水化合物的主要来源是粮食类食物和甜食，因此，在考生复习与考试期间，给考生提供适量足够的含糖食物是很必要的。考生一定不要轻视主食，如大米、面粉、玉米、小米、马铃薯、红薯、山药等。另外，考生可以适量吃一些甜食，如糖果、巧克力、蛋糕等，但一定不可过量，要适量。

（2）适量食用蛋白质。蛋白质对大脑的高级神经有非常重要的影响，能促进大脑神经递质的合成。考生用脑多，需要的蛋白质比平时多，因此，考生要摄取足够的蛋白质才能保证大脑的工作效率。富含优质蛋白质的食物有鸡蛋、牛奶、瘦肉、鱼虾、禽类、动物肝脏等动物类食物，还有大豆、坚果、杏仁等植物类食物。

（3）适量补充钙质。充足的钙质可以使身体更加强壮，促进生长发育，缓解疲劳，提升大脑工作效率。考生每天需要补充 1000mg 左右的钙。钙的最好来源是乳制品与大豆，考生每天可以喝 250 ~ 500mL 的牛奶，也可以选择喝豆浆。另外，一些带壳的海鲜补钙效果也较好，如虾米、大虾等。

（4）适量补充铁。考生由于学习紧张，若营养摄入不足，容易缺铁，甚至贫血，特别以女生居多。缺铁性贫血会造成记忆力下降，注意力难以集中，因此，考生应该适量吃一些含铁量高的食物，如动物肝脏、猪血、鸭血、木耳、大枣、菠菜等。吃这些食物时还要搭配吃一些含维生素 C 的食物，以促进铁的吸收。

（5）适量补充维生素 C 与葡萄糖。补充维生素 C 一定要适量食用一些水果与蔬菜，水果中的维生素 C 含量一般要比蔬菜多。水果中，草莓、樱桃、猕猴桃、西瓜的维生素 C 含量较高，蔬菜中，辣椒、番茄的维生素 C 含量高。另外，一些水果含葡萄糖比较丰富，如葡萄、甘蔗、菠萝、葡萄柚、菠萝蜜等。

（6）适量补充其他营养物质。考生要适量食用一些坚果与植物油，如核桃、腰果、开心果、花生、大豆油、芝麻油、鱼油等，这些食物含有丰富的蛋白质、不饱和脂肪酸、维生素 A、维生素 B、维生素 E，具有镇定神经等作用。另外，还要适量吃一些含铁、锌、钾、镁等无机盐的食物，补充人体微量元素，如蔬菜、香蕉、蛋黄、动物肝脏等。

总之，考生在饮食上要特别注重食物的卫生，做到粗细粮搭配、荤素搭配等，合理膳食，均衡营养。

2. 考生吃什么食物最健脑

对大脑发育有重要作用的营养素包括钙、维生素 C、蛋白质、B 族维生素、维生素 A、维生素 E、脂肪等。那么，考生吃哪些食物最健脑呢？

（1）适量食用核桃与芝麻。核桃含有的不饱和脂肪酸可使脑结构完善，是健脑的首选食物。芝麻对缓解失眠、神经衰弱、大脑疲劳有很好的功效。此外，核桃与芝麻含有大脑所需的脂肪与蛋白质等。

（2）适量食用鸡蛋与牛奶。鸡蛋含有丰富的蛋白质、卵磷脂、脂肪、维生素，可提高记忆力，促进大脑的新陈代谢。牛奶含有优质蛋白与钙，有舒缓神经之功，每天一个鸡蛋，一杯牛奶，不仅可以强身健体，而且可以改善记忆力，提高大脑的工作效率，保持精力旺盛。

（3）适量食用水果与蔬菜。猕猴桃、菠萝、橙子含有丰富的维生素 C，可提高记忆力；香蕉含有丰富的钾，可使人注意力集中，精力充沛。

（4）适量食用豆类及豆制品。豆类，特别是黄豆含有丰富的优质蛋白质、卵磷脂和维生素，能提高人的创造力，特别适合脑力活动较多的考生。

（5）适量食用全麦制品与谷物。全麦食物与谷物对保持人体的认知能力有较大作用，薏米、小米含有钾、镁、B 族维生素，这些物质可有效调节心率，舒缓神经，营养脑细胞，从而达到补脑健脑的作用。

（6）适量食用鱼虾类。鱼虾类含有大量不饱和脂肪酸与优质蛋白质，具有营养脑细胞的功效，能提高与改善考生的记忆力。

（7）适量食用动物肝脏。动物肝脏富含蛋白质、脂肪、维生素 A、不饱和脂肪酸等，健脑作用比动物肉质要好。

（8）适量食用大蒜。大蒜是很好的健脑食物。大脑活动的主要能量来源是葡萄糖，而葡萄糖要想发挥作用，离不开维生素 B。大蒜并不含有丰富的维生素 B，但是它和维生素 B 能产生一种叫"蒜胺"的物质，这种特殊的物质可促进葡萄糖发挥作用。因此，适量吃一些大蒜，可以增加脑细胞活动量，使考生保持清晰的思维。

值得提醒的是，补脑并不是一下就能看到效果的，必须合理膳食，适量食用健脑食物并长期坚持。

3. 怎样饮食提高睡眠质量

睡眠对于考生来说特别重要，只有高质量的睡眠才能保证考生的身心健康，才能保证考生的正常学习。那么吃哪些食物可以改善睡眠呢?

（1）水果。学习压力大容易造成过度疲劳与失眠，睡觉之前，可以吃一个苹果或者一根香蕉。苹果、香蕉等水果具有抗疲劳的功效。另外，可将芳香气味较浓的水果放在枕边，水果的甜香气也可帮助睡眠，如柚子、橘子、橙子等。

（2）牛奶。牛奶不仅能抑制大脑兴奋，还能让人神经舒缓，肌肉放松。睡觉前，喝一杯温牛奶可促进睡眠。

（3）小米。小米具有养胃健脾、和胃安眠之功。考生在晚餐或者睡觉前适量喝一点小米粥可以促进睡眠。

（4）大枣。大枣味甘，富含蛋白质、维生素 C、黏液质、磷、铁等，有安神补脑、健胃补脾之功。考生每晚适量食用大枣或服用大枣熬成的水，有助睡眠。

此外，蜂蜜、龙眼、燕麦、百合、核桃等均有改善睡眠的作用，可以适量食用。

为了提高睡眠质量，除了适量食用上述食物之外，还要注意以下几点。

（1）早点吃晚餐。考生要按时吃饭，特别是晚餐，尽量早点吃，最好在 7 点之前吃完，尽量拉长与睡觉之间的时间。若吃得太晚或者吃得太饱，食物还没消化完全就去睡觉，既影响了消化，也影响了睡眠。

（2）少吃易胀气食物。晚餐应避免食用容易胀气的食物，以免造成腹胀，影响睡眠质量。容易造成胀气的食物有红薯、玉米、大豆、洋葱、萝卜等。

（3）少吃不易消化的食物。肠胃不好的考生应注意晚上少吃不易消化的食物，如肉类，玉米等，避免吃一些很难消化的食物，如粽子、汤圆、年糕等。这类食物容易引起消化不良、胃胀腹胀，影响睡眠。古语有云“胃不和，则卧不安”。

（4）忌用咖啡提神。有的考生为了上课不犯困或者晚上多学习一会儿，采用喝咖啡的方法来提神，结果造成晚上失眠。因此，考生要避免饮用咖啡或含咖啡因的饮料，咖啡会让人兴奋，影响睡眠，睡眠不足反而影响学习，得不偿失。

4. 考前饮食误区

（1）盲目大补

一些家长为了给孩子快速补充营养，不惜花重金购买高档营养品，希望给孩子最全面、最有效的进补。家长们不要盲目相信营养品的夸大介绍，有的营养品不但不能补充营养，还造成了腹泻、过敏等症状。食物才是营养补充的最好来源，营养品代替不了食物。

（2）食用肉类过多

考前学习时间长，考生脑力活动加大，体能消耗增多，需要的营养也比平时多。一些家长担心孩子营养跟不上，在饮食上花了不少心思，甚至每天给孩子吃大鱼大肉、山珍海味。考前这段时间，天气燥热，肉类食物吃太多太杂，肠胃不一定能适应，反容易引起消化不良、腹泻等。给考生适当合理地补充必要的营养是对的，但不能盲目进补，要荤素合理搭配，合理膳食。

（3）少吃或不吃主食

有的考生认为主食没有鸡蛋、牛奶、鱼肉的营养价值高，就少吃或不吃主食，这个想法是错误的。碳水化合物能提供人体 55% ~ 60% 的能量，而碳水化合物的主要来源就是主食。主食能提供蛋白质与葡萄糖等，若人体内葡萄糖不足，就会出现头晕眼花等情况，影响学习效率，因此，考生一定要适量食用主食。

（4）饮食结构改变

考前阶段可以适当地调整饮食结构，但一些家长却想方设法地给孩子补充营养，造成饮食结构发生大的改变。家长的这种盲目做法是不可取的。因为考生已经养成了一个固定的饮食习惯，突然打破这个习惯，会让考生身体与心理不适应。不但肠胃一下子适应不过来，无形中也给考生增加了心理负担。

（5）饭店就餐比家里就餐好

许多家长喜欢用“下馆子”的方式奖励孩子，认为饭店做的饭菜比家里好。虽然去饭店吃饭省事方便，但是对考生不一定是好事。首先饮食习惯突然发生了改变，考生可能不适应，还可能造成肠胃不适等情况。其次必须要到饭店吃饭的话，一定要注意饭店的卫生是否合格。情况允许的话，尽量还是在家就餐好，最好的饮食是平平常常的家常饭菜，不仅适合考生的胃口，同时考生也不会因为“特殊待遇”而感到太大的压力或不适应。

5. 怎样科学安排饮食

（1）食谱不要发生巨变

家长在考生的食谱上已经动足了脑筋，若食谱发生了巨变，一是会影响考生的身体与心理，会不同程度地增加考生的心理负担；二是考生不一定适应巨变的饭菜。

（2）膳食全面且均衡

考生在紧张的学习状态中，身体会流失很多能量，一定要保障营养能合理及时地补上来。要合理补充流失的营养，就要做到合理搭配，膳食平衡，因为没有哪一种食物能完全满足一个人所需的全部营养，所以要注意下列原则：食物种类要全面但不要杂，食物单一营养不够，食物太杂会增加进食量；主食为主，适量食用水果与蔬菜，适量食用肉类、坚果；每天多喝白开水，选择豆浆、牛奶作饮品，不喝咖啡与浓茶。

（3）保证饮食规律

考生不要随意改变自己的饮食习惯，更不要强加给自己一些不喜欢的饮食习惯。要保证营养的均衡，在饮食方面就要遵循客观规律，如三餐要定时吃，不要少吃某一餐，不要暴饮暴食；不要用零食代替正餐，不要用饮料代替白开水；不要饿肚子睡觉，晚上可以适当吃一些夜宵，但不要过多，以免影响睡眠与第二天的早餐食量。

（4）避免大补

考生用脑多，有必要适当补充一下营养，但切忌大补恶补，这样做不仅是无效的，还可能导致考生身体的不适，甚至造成腹泻、呕吐，得不偿失。补充营养不是一朝一夕的事情，而是一个循序渐进的过程，必须平时注意合理膳食，合理补充营养。

（5）饮食以清淡为主

许多家长想给孩子快速补充能量，给孩子吃大鱼大肉，这种做法并不合理。考生饮食还是以清淡为主最好。清淡并不是说只吃素不吃荤，若只吃单一食物对考生的营养摄入当然是不够的，要荤素合理搭配。在选择肉类时，可以选择鱼、虾、鸡这些低脂肪高蛋白的肉类，且在选择烹饪方式时，以清蒸、煮汤的方式最适宜。

（6）关注饮食小细节

若考生晚上肚子饿了，可以适量吃一些夜宵，不要饥饿入眠，否则容易影响休息；可以适量吃常温西瓜，因为西瓜水分多、含糖量低，但注意不要过量，以免吃多了拉肚子或者造成尿频，给考试增添不必要的麻烦；考生在考试期间可酌情吃一点巧克力，可以快速补充能量，起到轻微兴奋作用，活跃大脑细胞。

十四、饮食卫生知识

1. 不喝生水

生水中含有许多细菌、病毒、寄生虫卵等，喝生水容易造成腹泻等疾病。水被烧开后，水中的细菌、病毒、寄生虫卵就被杀死了，喝起来就安全了。

河水、湖水、溪水、塘水等即使看起来很清澈干净，也可能含有许多致病微生物、寄生虫卵或有毒化学物质等，必须经过科学净化、消毒处理，经检验合格后才能饮用。

2. 最好的饮料是白开水

家长在孩子最初成长的 2 ～ 3 年内，最好不要让孩子接触饮料，孩子自然就会养成爱喝白开水的好习惯。

3. 不吃苍蝇叮过的食物

苍蝇会携带大量的细菌，吃了被苍蝇叮过的食物后，容易造成腹泻等疾病，因此，不要吃苍蝇叮过的食物。

4. 不吃小摊贩卖的“三无食品”

流动小摊贩卖的食品，通常是自制的或非正规厂家生产的，卫生无法保证，特别是在夏天无法保证低温冷藏，吃这些食品容易生病。

5. 生吃瓜果要洗净

因为瓜果表面可能沾有灰尘、细菌、农药等，所以要用清水洗干净后再吃，以免生病。

6. 吃熟食

一般食物经适当的烧熟煮透后能杀灭原有的细菌，也更易于消化吸收。

7. 不吃变味的食品

食物腐败变质后，产生异味，不仅失去了原有的营养价值，而且可能滋生细菌、毒素等，对身体有害，吃了容易造成食物中毒。

8. 适量食用蔬菜与水果

多吃鱼、肉等荤菜，不吃或少吃蔬菜与水果，这是不对的。蔬菜与水果含有丰富的维生素、微量元素及膳食纤维，它们提供的营养是其他食物无法替代的，学生每天要适量食用蔬菜与水果，才能满足生长发育的需求。

9. 少吃零食与甜食

零食的营养不全面，甜食容易引发龋齿与肥胖，若经常吃零食与甜食会影响正常的一日三餐食物的摄入，时间长了就会影响身心健康。

10. 预防肥胖

肥胖儿童如果不科学减肥，长大后容易患高血压、糖尿病等疾病。要想健康长寿，就要从小保持正常的体重。一日三餐既要营养丰富，又不能吃得太多，要合理膳食，多参加体育活动，保持进食量与运动量的平衡，使体重维持在正常的范围。

11. 重视吃早餐

吃好早餐对学生的学习精力有益。一般上午学习任务较重，必须补充足够的热量与各种营养素。若吃好早餐，则精力充沛、学习效率高；若不吃早餐，则会感到头昏乏力、注意力不集中、反应迟钝、记忆力下降等，影响学习成绩，有时甚至会因血糖太低而晕倒。

有的学生害怕长胖，不吃早饭，结果却事与愿违。因为早上不吃饭，到吃午饭时肚子特别饿，往往容易吃得过多，而且这个时候，胃肠的吸收功能也很强，造成体脂增多，反而更易肥胖，因此要重视吃早餐，并且要合理膳食。早餐不仅要吃饱，而且要吃好。光吃大饼、油条不行，光喝牛奶、吃鸡蛋也不行，科学合理的早餐应该是包括各类食物的平衡膳食。食物中既要有适量米、面等主要提供热能的食物，还要有适量提供优质蛋白质的食物（如牛奶、鸡蛋、豆浆、瘦肉等），最好搭配适量蔬菜水果。

12. 不要迷恋“洋快餐”

西式快餐店在我国越开越多，不少人特别是年轻人频频光顾。目前西式快餐主要包括汉堡包、炸鸡、炸薯条、冰激淋、可乐等，这类食物的营养素构成可概括为“三高一低”，即高热能、高脂肪、高蛋白质、低纤维素。经常吃这类快餐，虽然能获得优质蛋白质，但能量的摄入会超过人体需要很多，多余的能量就会转变成脂肪在体内贮存，从而造成肥胖。且摄入的大量饱和脂肪酸还会使心血管疾病的发生率增高。据统计，我国肥胖人群有逐年增多的趋势，这与西式快餐的流行、含糖高饮料的普及有一定关系。因此，在吃快餐时要掌握一定的度，适量搭配一些快餐中缺乏的食物种类，如新鲜蔬菜等，以保证均衡的营养。

13. 喝饮料要适量

若经常喝饮料，人体从饮料中摄取了过量的糖分，导致血液中的糖浓度一直保持在高水平状态，就没有饥饿感，影响正常吃饭，进而影响其他营养素的摄入；经常喝饮料也是造成肥胖的原因之一。另外，大部分饮料呈酸性且含糖，多喝会增加患龋齿的风险；有些饮料则含有色素、香精等，而人体摄入过多的人工合成香精、色素是有害的。

因此，喝饮料一定要适量。牛奶和100%纯果汁含矿物质与维生素较丰富，平常可适量选用一些，但千万不要养成只喝饮料不喝水的坏习惯。最好的饮料是白开水。

14. 不随便吃野菜、野果

野菜、野果的种类很多，有的含有对人体有害的毒素，如果误食了含有毒素的野菜、野果会导致中毒，甚至死亡，缺乏经验的人很难辨认清楚野菜、野果是否含有毒素，只有不随便吃野菜、野果，才能避免中毒，确保安全。

15. 怎样预防食物中毒

俗话说“病从口入”，预防食物中毒的关键在于把好饮食关。

从小养成良好的个人卫生习惯。勤洗手、不喝生水。

不要随意采捕、食用不熟悉、不认识的动物、植物（野蘑菇、野果、野菜等）。

外出就餐时要选择张贴有《餐饮服务许可证》的餐饮单位，不到无证无照的流动摊档与卫生条件差的饮食店就餐。

不吃毛蚶、泥蚶、魁蚶、炝虾等违禁生食水产品。

不到无证摊贩处购买食品。不买无商标、无出厂日期、无生产单位、无保质期限等标签的包装食品。

瓜果、蔬菜生吃时要洗净。

食用肉类食物要煮熟，防止外熟内生。

不吃腐败变质的食物等。

第二节　合理减盐

1. 高盐饮食的危害

长期食盐摄入过多，可使血压升高，发生心血管疾病的风险显著增加，且可增加患胃病、肥胖、骨质疏松等疾病的风险。

2. 推荐食盐摄入量

《中国居民膳食指南》推荐健康成年人每人每天食盐摄入量不超过 5g，2 ～ 3 岁幼儿不超过 2g，4 ～ 6 岁幼儿不超过 3g，7 ～ 10 岁儿童不超过 4g。

3. 减盐措施

（1）使用定量盐勺。

（2）少吃咸菜多食蔬果。少吃咸菜、榨菜、酱制食物等，适量多吃蔬菜水果。

（3）少吃高盐的包装食品，如熟食肉类、午餐肉、香肠、罐头等高盐包装食品，尽量食用新鲜肉类、蛋类、海鲜。

（4）购买食品时阅读营养成分表，尽量选择钠盐含量低的包装食品和具有“低盐”“少盐”“无盐”标识的食品。

（5）外出就餐尽量选择低盐菜品，可主动要求餐馆少放盐。

（6）关注调味品。酱油、豆瓣酱、耗油、味精、鸡精、沙拉酱与调料包这类调味品的钠盐含量较高，因此，要少用调味品，并酌情减少食盐的用量。

（7）警惕“藏起来”的盐。方便面、面包、挂面、速冻食品等方便食品，以及五香瓜子、果脯、薯条、话梅等零食里均含有较多的不可见盐，且有些食品品尝起来还感觉不到咸味，因此，建议尽量少食“藏盐”的加工食品。

第三节　合理减油

1. 科学认识烹调油

烹调油有助于食物中脂溶性维生素的吸收利用，除了增加食物的口味外，还是人体必需脂肪酸与维生素 E 的重要来源。

2. 过多食用烹调油的危害

过多的脂肪摄入会增加糖尿病、血脂异常、高血压、动脉粥样硬化与冠心病等慢性病的发病风险。

3. 推荐烹调油摄入量

《中国居民膳食指南》推荐健康成年人每人每天烹调油量不超过 25 ～ 30g。

4. 减油措施

（1）合理使用油壶。

（2）尽量多用少油烹调方法。如蒸、煮、炖、水滑、熘、焖、凉拌、急火快炒等。

（3）尽量少用多油烹饪方法。馒头、面包、鸡蛋、薯片等在煎炸时会吸收较多的油，因此，尽量少用煎炸的方法来烹饪食物，或用煎的方法来代替炸，亦可减少烹调油的摄入量。

（4）尽量少吃油炸食品。少吃或不吃如炸鸡腿、炸鸡翅、炸薯条、油条、油饼等油炸食品。在外就餐时可主动要求餐馆少放油，少点油炸类食品。

（5）尽量少用动物性脂肪。动物性脂肪的饱和脂肪酸含量较高，过多摄入会增加肥胖的发生，故应减少动物性脂肪的使用数量与频次，或用植物性油代替，食用植物性油时建议不同种类交替使用。

（6）尽量少用反式脂肪酸。反式脂肪酸摄入过多可增加患动脉粥样硬化与冠心病的风险，干扰必需脂肪酸代谢，亦可影响儿童的生长发育及神经系统健康，建议每日反式脂肪酸摄入量不超过 2g。

（7）不喝菜汤。烹饪菜品时一部分油脂会留在菜汤里，因此，建议不喝菜汤或用汤泡饭。

（8）购买食品时关注食品营养成分表。在超市购买食品时，学会阅读营养成分表，尽量选择含油脂低、不含反式脂肪酸的食物。

第四节　合理减糖

1. 正确认识添加糖

添加糖系指人工加入食品中的糖类，具有甜味特征，包括单糖与双糖。常见的有蔗糖、葡萄糖、果糖等。日常生活中食用的白砂糖、绵白糖、冰糖与红糖均是蔗糖。

2. 尽量减少添加糖的摄入

各类人群都应减少添加糖的摄入量，但不包括天然水果中的糖与主食中的天然碳水化合物。

3. 过多摄入糖的危害

饮食中的糖是产生龋齿最重要的危险因素。添加糖是纯能量食物，不含其他营养成分。若过多摄入会造成膳食不均衡，增加患肥胖、超重与糖尿病等慢性病的风险。

4. 推荐添加糖摄入量

《中国居民膳食指南》推荐成年人每人每天添加糖摄入量不超过 50g，最好控制在 25g 以下，糖摄入量应控制在总能量摄入量的 10% 以下。

5. 减糖措施

（1）儿童青少年少喝或不喝含糖饮料。含糖饮料是指含糖量在 5% 以上的饮品。果汁饮料、碳酸饮料中含糖比较多，每 100mL 含糖饮料中平均含添加糖 7g。含糖饮料是儿童青少年摄入添加糖的主要来源，因此，建议不喝或尽量少喝含糖饮料。

（2）婴幼儿食品无须添加糖。建议婴幼儿以喝白开水为主。若喝果汁应尽可能选择鲜榨汁，且不需要额外添加糖。制作辅食时，也应避免人为添加糖，让婴幼儿适应食材的原味，从小养成清淡饮食的习惯。

（3）尽量减少食用糖类包装食品。一些食品在加工时会添加很多的糖，如饼干、巧克力、冰激淋、糖果、糕点、果酱、蜜饯等。因此，应尽量少吃这些食品。

（4）烹饪过程尽量少加糖。烹饪时会以糖作为佐料加入菜肴中，应尽量少放糖或不加糖，或改用其他调味品调味，如大蒜、醋等。

（5）外出就餐尽量少点含糖多的菜品。餐馆里许多菜品使用了较多的糖，如鱼香肉丝、糖醋排骨、拔丝地瓜、甜汤、红烧肉等。因此，外出就餐时，应尽量少点含糖较多的菜品。

（6）最好用白开水代替饮料。最好的饮料是白开水，人体补充水分的最好方式是饮用白开水。在温和的气候条件下，成年男性每日最少饮用 1700mL 水，女性最少饮用 1500mL 水。而在炎热的夏天，饮水量也需要适当地增加。运动员等特殊人群在补充水分的同时，还要补充一定量的矿物质。

第五节　科学适量运动

一、正确认识科学运动

法国思想家伏尔泰有句名言：“生命在于运动。”笔者认为科学运动有利于延长生命。

（一）缺乏适量科学运动的危害

1. 导致骨质疏松

科学适量的运动能刺激成骨细胞并抑制破骨细胞，若运动量太少，骨承受的机械应力不足，就容易造成骨膜下骨吸收的钙、磷等物质过度地丢失，进而导致骨质疏松。

2. 发生肌肉萎缩

运动不足会造成肌肉力量和耐力下降，严重者会发生失用性萎缩。且缺乏运动还会使得肌肉组织内的无氧与有氧代谢酶活性下降。

3. 形成关节粘连

运动不足会使关节结构发生一系列的变化，使得关节囊与韧带组织缺乏被动牵伸，弹性变差，容易造成关节活动幅度受限，内部纤维排列紊乱，韧带止点骨质薄弱，进而导致韧带强度不足。且容易导致关节内滑膜纤维、脂肪组织增生，造成关节内粘连，同时还会妨碍关节滑液的分泌及流转，使得关节面软骨缺乏挤压，造成软骨营养障碍及萎缩，受压处软骨由于弹性改变，易出现坏死与脱落。

4. 导致肺功能减退

若长期不运动，可引起呼吸肌无力，肺泡弹性降低，影响肺的通气功能，肺最大通气量降低，肺内气体交换能力变差，血红蛋白携氧能力也会下降，较小负荷运动时即会出现胸闷、气急的症状。

5. 容易疲劳乏力

若长期缺乏适量运动，大脑血流变缓，神经细胞营养供应不足，工作能力下降，容易导致疲劳，出现头晕眼花、神思疲倦的表现。

6. 增加心肌梗死的危险性

缺乏适量运动是导致冠心病的非常重要的独立危险因素。缺乏适量运动的人患冠心病的概率与死亡风险会增加。其主要原因是体力活动减少，体重增加，容易出现脂质代谢紊乱；长时间静坐易引起内分泌紊乱，儿茶酚胺与皮质激素水平升高，血压上升，冠状动脉内皮细胞损伤；且长时间静坐会对冠状动脉舒缩功能造成不利影响。

7. 造成肥胖

缺乏适量运动会导致体内能量消耗降低，过剩的能量以脂肪的形式存储在皮下、器官，易造成肥胖。而肥胖又容易造成高血脂、高血压、高血糖。

（二）科学运动的益处

现代40余项重要的流行病学调查研究（包括从非洲的土著到美国的白领，从芬兰的伐木工人到澳大利亚的牧羊人）表明：科学运动有如下益处：改善心理素质；提高心脏功能；减缓增龄性血压上升；延缓动脉粥样硬化过程；防止骨质疏松及骨质增生；预防与减轻糖尿病；改善脂肪代谢，减轻肥胖；激发与提高免疫力。

（三）运动包括体力运动与脑力运动

科学的体力运动利于健康长寿，当然重要，但科学的脑力劳动同样重要，懒于用脑与过度用脑均是折寿的，而科学适度地用脑则长寿。

（四）适量的“运动”与“静养”皆有利于健康长寿

科学研究表明，野兔奔跑于野外，可活15年；而家兔圈养于笼中，仅能活5年。美国著名专家库泊对6.5万人长期观察发现，经常运动者比静坐者死亡率降低65%。

在美国佛罗里达州的一片森林中住着狼与鹿。人们为了保护可爱的鹿，使其繁衍生息，不惜重金，好心请来猎人彻底消灭了狼。本想从此鹿可以无忧无虑，安享天年，结果适得其反，鹿群因没有了天敌，不再奔跑。一代代下来，小鹿越来越胖，成年鹿纷纷提前死于脂肪肝、胆囊炎、高血压和脑出血等疾病。眼看鹿群越来越少，前景岌岌可危，如何挽救鹿群呢？

回顾过去，人们蓦然发现，还是把狼请回来吧！于是买了狼放回森林。从此，饿狼扑食，狼追鹿跑，物竞天择，狼与鹿均在奔跳中锻炼了自身，完善了进化。狼以独特的方式治好了鹿的肥胖病，世界真奇妙！

以上例子足以说明“生命在于运动”的论断是正确的，但不适当的过量运动对人体也是不利的。

国外一家保险公司在调查5000名已故运动员的生前健康后发现，有些运动员40～50岁左右就患了心脏病，许多人寿命反而比普通人短。这是什么原因呢？研究发现，运动量过大，不适当的运动，特别是剧烈运动，会破坏人体内外运动的平衡，加速人体某些器官的“磨损”和一些生理功能的失调，最终缩短人的生命进程，导致早衰和早逝。

乌龟是公认的长寿动物，除了其身体构造的生理功能外，还与其长期少动嗜静有关，故获“千年龟”之美称。鹤、松、柏为什么能长寿，也与它们“静息”不动、风吹枝不摇有关。世间男性好动，女性喜静，女性代谢较男性慢，寿命也较长。历代圣贤和养生学家无不提倡清静养神，这就是与过激运动相反，外在运动几乎停止时的“静养”。道家的入静，佛家的入定，儒家的静坐，无不在“静”字上下功夫。

道家创始人老子，恬淡寡欲，清静为上，修炼“三丹”（上丹田、下丹田、中丹田），享年160余岁。一代女皇武则天的母亲“虔诚信佛”，每天盘膝静坐，活至92岁高龄。武则天一生不论国事如何繁忙，每天总要抽出时间“静坐养心”。到了80岁，还天天“盘膝静坐”，即使日理万机，仍精力充沛，应付自如，享年82岁，是历史上罕见的长寿帝王之一。

现代医学研究证实：人体血液循环的速度与肌肉及大脑神经紧张程度成反比，肌肉及神经越紧张，血管收缩越厉害，血液流量减少，会造成局部缺血缺氧。肌肉及大脑神经紧张，发生意外的情况不在少数。现代文明病中的60%都可以从生活过度紧张中去寻根溯源。研究表明：当肌肉及大脑神经由紧张变为放松时，其血液流量可提高15～16倍。由此可见，“静养”对于促进身体健康，延年益寿是有帮助的。

目前，许多国家兴起了一种独特的“三分钟超觉静坐健脑术”，这种“健脑术”要求闭目凝神静坐，进入超觉入定或忘我状态。之后耳聪目明，头脑清晰，记忆增强，心平气和，精神焕发！

可见，适量的“运动”和“静养”均有利于人体的健康长寿。

（五）有氧代谢运动是最佳运动方式

无氧代谢运动如短程赛跑等，在运动时，四肢肌肉不能持续得到供氧，于是应急动用脏器的血液，导致脑、心、肝等脏器处于缺氧状态。长期这样超负荷运动，对身体危害极大。

有氧代谢运动是美国知名专家库泊博士首创的概念，其特点是运动强度低，有节奏，不间断。这种耐久运动才是健身的最佳选择。其道理是：

有氧代谢运动增加心排血量3～4倍以上，可改善心脏营养代谢，保持血管弹性，有助于降脂、降压，减少心脏病与中风的发生。

有氧代谢运动增加肺活量，可吸入比平时多10倍的氧气，有益于气体交换与组织代谢，促进铅、铝、苯、酚等致癌、致毒、致畸、致病因子及废物的排出。

有氧代谢运动增进神经及大脑皮层功能，可使体内抗衰物质增加，免疫功能增强，提高身体素质，有利于预防疾病，延缓衰老。

有氧代谢运动增强骨骼肌肉系统功能，提高骨密度，可有效防止钙流失和骨质疏松，消耗多余脂肪与糖，有益于控制血糖及减肥。

慢跑、快步走、走跑交替、跳舞、游泳、登楼、跳绳、骑车、乒乓球等皆属于有氧代谢运动。

二、提倡科学的运动

1. 运动种类

科学的运动才有益于健康。运动应因人而异，突出个性特点，再结合治病、防病、健脑、抗衰、减肥、健美等需求，选择最佳运动。建议疾病患者、中老年人最好选择适合的有氧代谢运动或静养，如腹式深呼吸、健身体操、交际舞、快步走、慢跑等有氧代谢运动方式。

2. 运动时间

每天选择什么时间锻炼最好？国外许多学者研究揭示，一昼夜间人体机能状态是变化的：8 － 12时、14 － 17时，速度、力量和耐力处于相对最佳状态，若在此时段里进行健身锻炼与运动将会收到更好的效果；而3 － 5时、12 － 14时则处于相对最低状态，若在此时段里进行体育运动，易出现疲劳，且“负荷量”过大，易发生运动性损伤。因此，晨练不宜过早，过早危害很大，易诱发其他疾病。

每次运动时间最好控制在30 ~ 60分钟。

3. 运动强度

衡量运动强度最简便的方法是记录运动中的脉搏数。一个运动员在中等强度运动时心率为120 ~ 140次/分，激烈运动时可增至180 ~ 200次/分，表示运动量合适。一般老年人运动初期心率为100 ~ 120次/分为宜，经过一个月锻炼，运动心率逐渐增加到130 ~ 140次/分为最好，此时心脏每次搏出血量接近最佳状态，健身效果明显。小于100 ~ 120次/分的运动则健身价值不大。

4. **运动频率**

锻炼身体应遵循一个原则：运动量从小到大，循序渐进，逐渐增加，坚持不懈，“夏练三伏，冬练三九”，不管天热天冷均要坚持锻炼，逐渐培养出既耐热又耐寒的健康体魄。

坚持锻炼，每天 1 ～ 2 次，每周至少 4 ～ 5 次。

5. **注意事项**

因人而异，合理安排；

循序渐进，持之以恒，坚持有氧锻炼；

运动应适量；运动前做些准备活动；

运动前勿吃饱；

运动时不要急“刹车”，运动后应继续做放松运动；

运动后不要大量喝水；

运动后不要马上吃冷饮；

运动后不要立即洗澡；

运动后不要立即吃饭。

三、运动提要

只有科学运动，才能延长生命，故提倡有氧运动。最好的运动是步行，且以快步走、微汗出为佳；适度和谐的性生活也是健身运动；“日出而作，日入而息”，在情况允许的情况下，日出开始运动为好，晨起先喝一杯温开水再适量运动更好。在众多的中国传统运动方式中，以道家峨眉内功养生功法为佳，且道家养生是讲究时间与方位的，早晨面朝东，中午面朝南，下午与晚上面朝西。

第六节　戒烟限酒

一、吸烟有害健康

1. **吸烟对健康的危害**

吸烟会增加患癌的危险性，特别是肺癌。在长期吸烟的人群中，膀胱癌、卵巢癌、口腔癌等发病率极高。吸烟不仅会引起肺癌而且也是慢性支气管炎、阻塞性肺气肿、冠状动脉粥样硬化性心脏病、脑卒中的主要危险因素。吸烟还会影响性功能。如果孕妇吸烟还可能影响胎儿的发育。吸烟会通过污染环境造成不吸烟者的被动吸烟而危害不吸烟人群。

2. 戒烟 ——利己利人的善举

值得庆幸的是，不管您现在年龄有多大或吸烟史有多长，只要您今天戒烟，您将活得更久。

二、限酒 ——大量饮酒有害健康

酒是用高粱、大麦、米、葡萄或其他水果酿制而成的饮料。适量饮酒能够流通血脉，调节精神，祛除疲劳，舒筋健骨。但长期大量饮酒，对健康有极大的危害，尤其酗酒对肝脏的损害最大。

少量饮酒可以，多量就有害，以每日不超过 15g 酒精为限。

酒精量的换算公式为：饮酒量（mL）× 酒精含量（%）×0.8（酒精的密度）。例如，饮用 2 两（即 100mL）50 度的白酒，其酒精量为：100×0.5×0.8=40g。需要注意的是，啤酒度数是指啤酒的生产原料麦芽汁的浓度，而非指酒精含量。通常，12 度的啤酒，其酒精含量为：3.3% ~ 5%。

三、提要

海喝瞎抽恶习树断根，戒烟限酒养生鱼得水。提倡戒烟限酒。

第七节　保持心理平衡

一、快乐 ——健康长寿第一方

2400 年前的《黄帝内经》与医学之父希波克拉底的名言，直至近代马克思的“一份愉快的心情胜过十剂良药”均是贯穿同一思想：在所有健康长寿处方中，快乐是第一重要的。快乐的作用甚至超过了一切保健措施与一切保健品的总和。

早在 1948 年世界卫生组织关于健康的定义中就包括了心理平衡，1992 年维多利亚宣言的健康四大基石中也有心理平衡，临床高血压与心血管疾病等的防治更需要心理平衡，心理平衡人就快乐。

中医认为精神愉悦，则阴阳平和，气血调畅，脏腑协调，生机盎然，百病不生，健康长寿；反之，不良的精神状态，则使气血逆乱，脏腑功能失调，疾病丛生。正如《素问・上古天真论》所云："精神内守，病安从来？"。养神是养生之本，快乐乃健康长寿第一方。

二、心理健康才能真正健康

精神情志活动与人的身心健康密切相关是中西医公认的事实。中医学强调"形与神俱，不可分离"，构建了"形神一体"观，认为精神情志因素对人体的生理机能、病理变化有直接影响。形为神之母，无形则神无以生；神为形之主，无神则形不可活。只有形神统一协调，才能身心健康，尽享天年。

按世界卫生组织对健康下的定义，健康应包括身体健康与心理健康，即身心健康。健康是身心两方面的辩证统一。只有具备身心健康的人，才能具有完好的社会适应能力，才能算真正的健康。

心理与生理是相互依存、相互影响、相互制约的。生理是心理的物质基础，人的生理状态影响与制约着人的心理活动；而心理反映着生理变化，影响与制约着人的生理活动。可见，只有心理健康才能真正健康。

心理健康系指一个人智力良好、性格健全，对各种精神刺激与社会压力有良好的承受能力和自我控制调节能力，以及良好的社会适应能力，心理活动与外界环境保持一致，行为正常，情绪稳定，能较好地处理各种问题。

三、保持心理健康的方法

1. 科学用脑，智力旺盛

（1）开发大脑，大器晚成

古今中外均有不少大器晚成的名人，人体 50 ～ 60 岁时还是智力旺盛的发展时期。

据统计，1979 年以前的 83 位诺贝尔文学奖获得者中，60 ~ 70 岁者 53 人，占获奖者的 64%，按年龄段排名第一；70 ~ 80 岁者 25 人，占获奖者的 31%；只有 5 人是 60 岁以下者，占获奖者的 5%。成人的大脑重量为 1200 ~ 1500g，大脑细胞的总数约为 140 亿万个，而人们实际使用的脑细胞，仅占总数量的 10% ~ 30%，还有 70% ~ 90% 尚未开发利用。

（2）勤于用脑，延年益寿

英国科学家曾用超声波探测到，勤学习、勤用脑，脑血管会经常处于扩张状态，血氧供应丰富，增强了脑神经细胞的活力，延缓了衰老。美国科学家分析 55 ~ 95 岁老年人智能状态后得出结论：老年人记忆力的衰退主要是由于长期不学习、不用脑，置脑于废弃状态所导致。科学家们还发现，大脑使用程度越高，脑神经细胞长出的突触就越多、越长，神经细胞接受信息也就越多，其功能也就越强；反之，如懒于学习，懒于用脑，突触就会逐渐萎缩。所以，勤学习、勤用脑，能防止突触因增龄而萎缩，从而延缓了衰老，自然延长了寿命。

科学研究还发现，老年人只要勤学习、勤用脑，学习新东西，发展正常智力，还可使已经衰老的脑神经细胞的神经根如椿树发新芽般长出新的神经根来，这也就是人们所称的“返老还童”了。调查统计 3000 多名 90 岁以上的长寿老人，没有发现一个是“懒寿星”，说明勤于用脑、保持心理健康是延年益寿的良方。如国学大师季羡林，一生勤于用脑，勤于笔耕，不仅成果累累，世界闻名，而且享年 98 岁。

（3）适当工作，防脑衰老

美国神经生理学家斯密利斯和米勒经研究也得出结论：“人的大脑，受训练越少，衰老也就越快。”勤用脑是推迟衰老的良方，适当工作是防止大脑衰老的无价之宝。

2. 修德养性，保持乐观

保持性格开朗。人的个性虽说有遗传的因素，但后天完全可以通过加强修养给以良性改变。人的知识越多心胸就越宽广。性格修养虽说不是一朝一夕养成的，但一个人即使上了年纪，也应继续修养性格，尽量避免恶性因子刺激，将脾气稳定下来。纵观古今长寿者可以看出：

（1）仁者长寿

春秋时期，孔子就已提出“仁者寿”的观点，并向弟子们强调“大德必得其寿”。养生先养德，养德有益于健康长寿。

（2）乐者长寿

著名生物学家巴甫洛夫说“乐观是养生的唯一秘诀”。世界卫生组织曾召集有名望的医学家与生理学家讨论如何才能长寿，最后找到的办法就是：快乐！

（3）人生十乐，促进健康

知足常乐、宽中取乐、动中求乐、静中取乐、天伦之乐、忘年之乐、忍让之乐、进取求乐、助人为乐、自寻其乐。

（4）知足长寿

古今中外，知足者常乐，知足者长寿。不然你得到得再多，世上比你多的大有人在，你仍然不会乐。只要自己努力了，比自己以前强，就要知足，只有知足心情才能舒畅，才能长寿。

3. 健全意志

心理学上的意志健全，系指一个人的意志品质，包括意志的顽强性、果断性、自觉性与自制力等。顽强的意志能使人产生坚定的信心。而信心是健康长寿的第一要素，它可以提高人体抵御疾病的能力。

（1）坚信长寿

伊朗156岁老寿星阿巴斯·哈萨的长寿之道，就是具有坚定的长寿信心与乐观的精神。

法国文学家雨果40岁时曾患上严重的心脏病，面色铁青，人们惋惜这颗文学巨星就要陨落了。但雨果并没有因此而畏惧、悲伤。他树立信心，并与医生配合，又积极参加身体锻炼，终于奇迹般地康复了。并重新挥笔立著，一直活到84岁，雨果的长寿是来自他的自信。

（2）科学作息

巴甫洛夫是苏联著名的生理学家，终年86岁。其高寿的主要原因是恪守科学、严格的作息时间。

4. 自找情趣

应结合自身爱好，找自己想干的事，如书、画、音乐、跳舞、步行、种花等。学自己想学的，自我陶冶，自找乐趣，自我调理。

5. 心理年轻

生理上的变化与衰老是不可抗拒的客观自然现象，人老了，最要紧的是心灵别衰老，即人老心不老。

6. **敢于美化**

爱美之心人皆有之，除了适当着装、科学美容等美观大方外，心灵美、语言美、行为更应该美。

7. **广交朋友**

不忘老朋友，更交新朋友。不仅交中老年朋友，也要与青年人交朋友。朋友多了，自然谈心、聊天的人就多，心情就能保持轻松愉快，即使有不顺心的事，也能得以及时吐露、宣泄，利于保持良好的心境。

8. **风趣幽默**

幽默会使别人与自己笑口常开。心理学家们认为，幽默是一种心理防卫机制。幽默可以化解挫折、困境，尤其是尴尬局面，并赋予生活以情趣及活力。

9. **家庭和睦**

人的一生离不开家庭与社会，而好的环境需要自己努力创造，努力创造一个充满欢悦、温馨、和谐的家庭环境是人一生最大的幸福。家庭和睦了，心情才能舒畅。

10. **科学生活**

保持健康的生活方式，养成良好的生活习惯，是身心健康的根本保证。

11. **笑口常开**

古代哲人曾说过："笑就是健康。"中国民间常说："笑一笑，十年少。"

四、怎样调适不良心理

1. **冷静、制怒**

制怒之法，首先是以理制怒，即以理性克服感情上的冲动。在日常工作与生活中，虽遇可怒之事，但想一想不良后果，可理智地控制过激情绪，使情绪反应"发之于情""止之于理"。其次可用提醒法制怒。在床头或案头写上"制怒""息怒""遇事戒怒"等警言，作为自己的生活信条，随时提醒自己可收到较好的效果。再次，怒后反省。每次发怒之后，吸取教训，并计算一下未发怒的日子，减少发怒次数，逐渐养成遇事不怒的好习惯。也可用转移、吐露、忘却、运动等法，达到冷静、制怒之目的。

2. **自我宽慰**

自我安慰是以一种未必能够成立或实现的假设来安慰自己，从而求得心理平衡的方法。假如你被别人误解，若你能想到"人无完人""或许过两天他会知道事情真相的"，这样，你的心胸必定能够豁然开朗。假如，一个朋友对你做了亏心事，你当时会觉得很生气，若你能想到“生气是拿别人的错误来惩罚自己”，也许很快就会气消怨散。

3. 适度宣泄

选择适当的时间、地点、对象，采用适当的方法（如倾诉、呐喊、痛哭、写信、记日记等），将自己的痛苦表达出来谓之宣泄。

但要摒弃错误的宣泄方法。不要暴饮暴食，不要酗酒，不要吸烟，不要疯狂购物，不要上网成瘾，不要赌博。错误的宣泄方法，不仅不能取得任何减压的效果，反而会适得其反。所以宣泄，是指合理地发泄。

4. 角色互换

角色互换就是在心理上将自己与他人调换位置，设想自己是对方或是其他比你受伤害更深的人，将心比心地思考，摆正自己与他们的位置，找出自己在此次事件中应负的责任，如此就学会了理解别人，尊重别人，也不会再钻牛角尖，可放松心情。

5. 转移

将注意力指向无害的事物或从事有益的活动（如看书、听音乐、学歌舞、做家务、看电视、体育锻炼、钓鱼、逛街旅游等），以减轻痛苦，谓之转移。

6. 代偿

改变目标与追求，或用一方面的优势弥补另一方面的不足，谓之代偿。

人人都能成功，且成功的路不止一条。一个目标得不到，可以继续努力，也可以适可而止，用另一个目标来代替。假如你喜欢某一个工作职务、某一个学校、某一个专业、某一个人、某一样东西，你虽然努力想得到它，但并不是都能实现，若得不到就会有挫折感，这时就要调整好自己的心态。其中一种办法就是酌情换一个目标。

7. 升华

改变不被社会所允许和接纳的动机和行为，导向比较崇高的方向，使之符合社会规范和时代要求，或化悲痛为力量，变压力为动力，将情绪激发的能量引导到正确的方向，使其具有建设性、创造性，对人对己对社会都有力，谓之升华。假如追求异性，但限于种种因素而不能成功等，可采用写诗作赋、书画音乐来抒发不能倾泻之情感。德国作家歌德因绿蒂另有所爱而初恋失败，于是写下了《少年维特的烦恼》；孔子厄而著《春秋》；太史公腐而《史记》出，皆是升华的范例。“化悲痛为力量”也是升华的一种表现。

五、提要

整体调养，持之以恒。天人合一，从天人一个大整体（人是一个整体、天是一个整体、天人是一个大整体）的角度来预防疾病、治疗疾病，必须持之以恒。坚持科学整体调养，身心才能健康。

科学调节情志，保持心情舒畅。人的心胸大了，大事也是小事，人的心胸小了，小事也是大事；人的养生之心有多大，健康的舞台就有多大；人的心胸有多宽，通往健康的路就有多宽；有奇迹般的心情舒畅，就有奇迹般的疾病康复；福莫大于知足，乐莫大于无忧；快乐是最好的药物。

第八节　按时接种疫苗

科学研究表明，当细菌或病毒侵入人体时，身体会产生一种抵抗这种细菌或病毒的物质，这种物质就叫作抗体。对不同的细菌或病毒，人体会产生不同的抗体，称为特异性抗体。病愈后，这种特异性抗体仍然存留在人体内，如果再有相应的细菌或病毒侵入体内，这种特异性抗体就能保护身体不受这些细菌或病毒的伤害。

预防接种也叫打防疫针，是通过注射或口服等方式，使疫苗进入人体并产生抵御某些细菌或病毒的能力，保护身体不得某些疾病。通过开展预防接种，可以有效预防、控制，甚至消灭一些严重危害人类健康的疾病。预防接种是预防和控制传染病最经济、最有效的手段，因此，在孩子出生后就要按国家卫生健康委员会的有关规定按时注射疫苗。不同的疫苗，有不同的免疫程序，这是根据临床试验与多年科学实践制定的。如乙肝疫苗、百日咳－白喉－破伤风联合疫苗、脊灰疫苗等至少需要完成 3 剂接种才能使儿童产生足够的免疫力。随着儿童长大，体内原有通过接种疫苗获得的免疫力也会逐渐下降。因此，有些疫苗还要进行加强免疫。

家长或监护人要按规定建立预防接种证并妥善保管，预防接种证是儿童预防接种的有效记录凭证。《中华人民共和国传染病防治法》明确规定：国家实行有计划的预防接种制度，国家对儿童实行预防接种证制度。

（1）儿童在出生后 1 个月内，家长或监护人应携带儿童出生时医院提供的《新生儿首剂乙肝疫苗和卡介苗接种登记卡》到其居住地预防接种单位建立儿童预防接种证。

（2）在暂住地居住 3 个月及以上的流动儿童，由现居住地接种单位负责建立预防接种卡（簿）。如果没有或丢失了预防接种证，家长应到预防接种单位建立或补办预防接种证。

（3）在暂住地居住 3 个月以下的流动儿童，可由现居住地接种单位提供接种证明。

（4）对那些未按规定接种国家免疫规划疫苗的漏种儿童，要劝其到当地疾病预防控制机构指定的预防接种门诊进行补种。

（5）预防接种证要长期保存，孩子在入托、入学和出国时都需要查验。

家长要按照规定的免疫程序带儿童接种疫苗。儿童应按照表 2–4 所列免疫程序，按时接种疫苗。

表 2–4 儿童免疫接种程序

出生月（年）龄	疫苗种类	剂次	可预防的疾病
出生时	乙肝疫苗	第 1 剂次	乙型病毒性肝炎
	卡介苗	1 剂次	结核病
1 月龄	乙肝疫苗	第 2 剂次	乙型病毒性肝炎
2 月龄	脊灰疫苗（口服）	第 1 剂次	脊髓灰质炎
3 月龄	脊灰疫苗（口服）	第 2 剂次	脊髓灰质炎
	百白破联合疫苗	第 1 剂次	百日咳、白喉、破伤风
4 月龄	脊灰疫苗（口服）	第 3 剂次	脊髓灰质炎
	百白破联合疫苗	第 2 剂次	百日咳、白喉、破伤风
5 月龄	百白破联合疫苗	第 3 剂次	百日咳、白喉、破伤风
6 月龄	乙肝疫苗	第 3 剂次	乙型病毒性肝炎
8 月龄	麻风联合疫苗或麻疹疫苗	第 1 剂次	麻疹、风疹或麻疹
	乙脑减毒活疫苗	第 1 剂次	流行性乙型脑炎
	乙脑灭活疫苗	第 1、2 剂次 2 次间隔 7 ~ 10 天	流行性乙型脑炎
6 ~ 17 月龄	A 群流脑疫苗	第 1、2 剂次，两次间隔不少于 3 个月	A 群流行性脑脊髓膜炎
18 ~ 23 月龄	百白破联合疫苗	第 4 剂次	百日咳、白喉、破伤风
	麻腮风联合疫苗、麻腮联合疫苗或麻疹疫苗	第 1 剂次 麻疹疫苗第 2 剂次	麻疹、流行性腮腺炎、风疹或麻疹、流行性腮腺炎或麻疹
18 月龄	甲肝减毒活疫苗或甲肝灭活疫苗	第 1 剂次	甲型病毒型肝炎
2 岁	乙脑减毒活疫苗	第 2 剂次	流行性乙型脑炎
	乙脑灭活疫苗	第 3 剂次	流行性乙型脑炎
2 ~ 2 岁半	甲肝灭活疫苗	第 2 剂次，两次间隔不少于 6 个月	甲型病毒型肝炎
3 岁	A+C 群流脑疫苗	第 1 剂次	A 群流行性脑脊髓膜炎、C 群流行性脑脊髓膜炎
4 岁	脊灰疫苗（口服）	第 4 剂次	脊髓灰质炎

续表

出生月（年）龄	疫苗种类	剂次	可预防的疾病
6 岁	百白破联合疫苗	第 1 剂次	白喉、破伤风
	A+C 群流脑疫苗	第 2 剂次，两次间隔不少于 3 年	A 群流行性脑脊髓膜炎、C 群流行性脑脊髓膜炎
	乙脑灭活疫苗	第 4 剂次	流行性乙型脑炎

由于个体差异，少数人接种疫苗后可能产生一些不良反应，如皮肤注射部位局部轻度肿痛、发热和周身不适等，一般可在 1 ～ 2 天内消失，不会造成机体组织器官、功能损害。极少数人接种疫苗后会发生过敏反应，过敏性休克大多发生在半小时之内，如果不在医务人员监护范围之内就容易发生危险。有明确禁忌证的人不宜或暂缓接种疫苗。

（1）应到卫生行政部门认定的合格预防接种门诊进行预防接种。

（2）在接种前，要向接种人员如实提供接种者的健康状况，以便接种人员判断是否可以接种。

（3）接种疫苗后不要立刻离开接种点，应在观察室留观 30 分钟后再离开。

（4）如发现接种后出现可疑情况，应立即咨询专业人员，必要时就医，以便得到及时、正确的处理。

第九节　科学用耳、保护听力

耳朵主管听觉与平衡觉。一个人的耳朵如果出了问题就会听不清甚至完全听不见声音，平衡能力也会减弱，严重影响正常的生活，因此，要学会如何保护自己的耳朵。

一、养成安全聆听习惯

控制个人音频设备的使用频度、强度和时长。单次使用时间不宜超过 60 分钟，避免在较为嘈杂的环境中长时间使用个人音频设备；减少噪声接触，特别是娱乐性噪声接触；过强的噪声，包括机器轰鸣声、音乐声过大或其他噪声过大，比如枪声或爆炸声，均有可能损害内耳道，导致听力减弱。

二、科学预防导致耳聋的疾病

科学预防麻疹、腮腺炎、风疹、脑膜炎以及反复发作的耳部感染等疾病导致听力下降或减退，儿童期科学接种疫苗是预防听力损伤的关键。

三、尽量避免使用耳毒性药物

链霉素、卡那霉素、新霉素、庆大霉素等氨基糖苷类抗生素、水杨酸盐类止痛药对耳朵均有毒性，会造成听力损伤与耳聋，用药时要尽量避免使用这些耳毒性药物。了解掌握常见的耳毒性药物，提高安全用药的意识。

四、不能随便掏耳朵

不能随便掏耳朵，以免损伤鼓膜，甚至造成感染。如果出现耵聍栓塞（耳屎堵在耳朵眼里）及外耳道有异物，要及时去正规医院，请专科医生帮忙取出。

五、早发现早治疗

当出现单耳聆听或者需要他人提高音量才能听清、费力倾听方可了解交谈内容及在嘈杂环境中聆听困难等情况时，要及时尽早就医。

听力障碍应遵从医嘱进行科学的治疗、干预和康复。已经有听力障碍的人士，要配置适当的助听器，并学会正确的使用方法。

第十节　合理护眼

合理用眼、注意用眼卫生，可有效预防近视。近视是一种常见的眼疾，表现为视远模糊、眯眼、眼睛干涩酸痛的视疲劳症状。高度近视的眼轴过长，会导致眼球突出及高度近视眼底改变，给生活带来不良影响。

一、养成健康用眼习惯

不良的视觉环境与行为是近视高发的主要影响因素，青少年要强化眼健康意识，主动学习科学用眼护眼等健康知识，养成健康用眼习惯。

（1）读写要在采光良好、照明充足的环境中进行。白天学习时，充分利用自然光线照明，避免光线直射在桌面上。晚上学习时，同时打开台灯和房间大灯。

（2）选用利于视力健康的照明设备，避免眩光和视疲劳等。写字时，注意光源的照射方向，避免手影遮住光线。

（3）选择与自己身高相匹配的学习桌椅，避免被动养成不良的阅读和书写习惯。

（4）保持正确的读写姿势。不正确的读写姿势会增加发生近视的风险。保持“三个一”的正确姿势，即眼睛离书本一尺，胸口离桌沿一拳，握笔的手指离笔尖一寸。

（5）连续用眼时间不宜超过 40 分钟，每 40 分钟左右要休息 10 分钟，可远眺或做眼保健操等。

（6）坚持充足的白天户外活动对于预防近视和防止近视加重有重要意义。儿童青少年应听从家长和老师的安排，保证每天进行 2 小时以上的白天户外活动。

（7）控制使用电子产品的时间。长时间、近距离、持续盯着手机、电脑和电视等电子产品的屏幕，会给眼睛带来伤害。使用电子产品时，应使眼睛与屏幕保持一定距离，屏幕亮度适中。课余时间使用电子产品学习 30 ~ 40 分钟后，应休息远眺放松 10 分钟，连续使用电子产品的时间越短越好。非学习目的使用电子产品单次不宜超过 15 分钟，每天累计不宜超过 1 小时。

（8）充足的睡眠和合理的营养是保证视力健康的基础。儿童青少年应听从家长和老师的作息安排，小学生每天睡眠时间要达到 10 小时，初中生 9 小时，高中生 8 小时。平时应做到营养均衡，不挑食，不偏食，不暴饮暴食，少吃糖，多吃新鲜蔬菜水果。适量食用富含维生素 A 的食物对视力有帮助，深绿色蔬菜、红色与黄色的水果中富含维生素 A，如西红柿、胡萝卜等。

（9）避免不良用眼行为，不在走路、吃饭、躺卧、晃动的车厢、光线暗弱或阳光直射条件下看书或电子产品。

（10）不要用脏手揉眼睛，不要与别人共用洗脸毛巾，且毛巾要经常清洗晾晒。如果眼睛发红，有脓或肿胀等，要尽早去正规医院请眼科医生诊治。

（11）眼睛里如果进入脏东西或沙子，酌情采用清洁的水冲洗，或用干净柔软的湿布，或用干净的湿棉花，轻轻将眼睛里的脏东西或沙子弄出来。

二、早发现早治疗

（1）当出现需要坐到课堂前排才能看清黑板、看电视时凑近屏幕、眯眼、头痛或眼睛疲劳、经常揉眼睛等迹象时，应尽早就医。

（2）当怀疑近视时，及时告知家长，及时到眼科医疗机构检查，遵从医嘱进行科学的干预或近视矫治。

（3）散瞳验光是国际公认的诊断近视的金标准。建议通过散瞳验光来确定准确的配镜度数，佩戴合适的眼镜来进行视力矫正。目前，佩戴框架眼镜是最安全简单的矫正措施。不戴近视眼镜或故意矫正不足会加快近视的发展。

（4）近视青少年应遵从医嘱进行随诊，以便及时调整预防和治疗措施。

第十一节　保持健康体重

一、正确认识健康体重

各年龄段人群均应坚持科学运动，合理膳食，维持能量平衡、保持健康体重。体重指数（BMI）18.5 ～ 23.9 为适宜体重。

二、体重异常的危害

若体重过低容易增加骨质疏松症发生的风险，体重过高容易增加肥胖、高血压、糖尿病等发病的风险。

肥胖是一种疾病，BMI 24.0 ～ 27.9 为超重，BMI ≥ 28 为肥胖。脂肪主要在腹壁与腹腔内蓄积过多的，称为中心型肥胖。中心型肥胖是多种慢性病发生的最重要危险因素之一。判断成年人中心型肥胖的标准是男性腰围≥ 85cm，女性腰围≥ 80cm。超重、肥胖会危害青少年的呼吸系统及骨骼，甚至对其心理、行为、认知及智力产生不良影响。青少年时期超重、肥胖更容易延续至成年期，增加成年后患高血压、糖尿病、高甘油三酯血症、代谢综合征等慢性疾病的风险。

三、怎样科学保持健康体重

（一）定期测量体重指数

体重指数（BMI）= 体重（kg）÷ 身高（m）的平方（kg/m^2）。18 岁以上成年人 BMI<18.5 为体重过低，24.0 ～ 27.9 为超重，≥ 28 为肥胖。

（二）定期测量腰围，维持健康腰围

不健康的饮食习惯与缺乏体力活动是造成中心型肥胖的主要原因之一。科学控制腰围，预防中心型肥胖，建议男性腰围不超过 85cm，女性腰围不超过 80cm。腰围测量方法：直立，两脚分开与肩同宽，用没有弹性、最小刻度为 1mm 的软尺放在右侧腋中线胯骨上缘与第十二肋骨下缘连线的中点（通常是腰部的天然最窄部位），沿水平方向围绕腹部一周，紧贴而不压迫皮肤，在正常呼气末测量腰围。

（三）早发现，早治疗

定期参加体检，定期监测身高、体重、腰围等，及早发现、科学判断是否出现超重、肥胖等健康问题，并尽早科学治疗。

（四）吃动平衡，维持健康体重

健康体重取决于能量摄入与能量消耗的平衡，若长期摄入能量大于消耗能量，则体重增加；若长期消耗能量大于摄入能量，则体重减轻。坚持“日行一万步，吃动两平衡，健康一辈子”的“健康一二一”理念，通过合理饮食与科学运动即可保持健康体重。

保持健康体重的关键是合理膳食和适量运动。超重、肥胖和盲目减轻体重都不利于健康。积极、主动、科学地安排膳食与运动，是超重者、肥胖者控制体重增长的主要而科学的措施。

1. 合理膳食

（1）食物多样，规律饮食。能量摄入适量，建议平均每天摄入 12 种以上食物，每周

25 种以上食物。坚持规律饮食，切忌暴饮暴食。

（2）限制高能量食物摄入，如油炸食品、肥肉、糖果、蜜饯、奶油制品和含糖饮料，以及西式快餐等。

（3）多选择新鲜蔬菜、水果和鱼、虾、牛肉、禽类、肝、蛋、奶及豆制品，饮用白开水或不添加糖的鲜果蔬汁。

（4）避免盲目节食、禁食，切不可盲目服用减肥药品。

（5）密切控制每日能量摄入，并监测体重变化。

2. 适量运动

在合理膳食的基础上辅以适量的科学运动是控制体重的基本方法，可在专业人士的指导下制订科学的运动计划，循序渐进，逐步增加运动频率和强度，养成良好的运动习惯。

最好的运动是步行。以快步走、微汗出为佳。贵在坚持，持之以恒。

将身体活动融入日常生活中。如上下班路上多步行、多骑车、少开车；减少久坐；居家时间多做家务、多散步等。

（五）树立正确的减肥目标

超重者、肥胖者应制定正确的减重目标，减重不宜过高过快，应逐渐使体重降至目标水平。

（六）关注体重应从儿童青少年开始

儿童青少年肥胖不仅会影响身心健康，还会增加其成年后的肥胖风险。因此，儿童青少年时期就应该合理控制饮食、修正行为与提供科学运动指导。饮食控制应适当降低能量摄入，但不宜过度节食。儿童青少年应适当减少静坐时间，增加体力活动与科学运动锻炼时间。

（七）老年人量力而行，适当科学运动

老年人不必过分强调减重，建议酌情每周至少坚持 3 次平衡能力锻炼及预防跌倒能力的活动，适量进行增加肌肉训练，预防少肌症。

第十二节　讲究个人卫生

一、饭前便后要洗手

手上有很多的细菌，不洗手就去拿东西吃很容易生病，所以在饭前、便后要洗手。怎样洗手才能洗得干净呢？如果条件许可，尽可能用清洁的流动水来洗手：两手打湿之后，均匀地抹上洗手液或肥皂，搓揉出丰富的泡沫，然后在水龙头下冲洗干净。

二、勤换衣服勤洗澡

洗澡能洗掉积汗与污垢，利于健康；洗澡还能加快皮肤和肌肉的血液循环，消除疲劳。洗澡时水温保持在38℃为宜，最好不超过40℃。一般冬天至少一周洗一次澡，夏天要天天洗澡。

脏衣服上面附着灰尘、汗液与细菌等，不利于健康，应及时换洗；内衣更要勤换洗，尤其要勤换洗内裤。

三、不随地吐痰

痰里有很多病毒与细菌，随地吐痰会传播感冒、肺结核等呼吸道传染病，还会污染地面，是一种不文明的行为，因此，要养成不随地吐痰的好习惯。

如果有痰，应吐到痰盂里，或者吐到废纸里包起来，再扔进垃圾桶。将痰咽回肚子里、吐在墙角、吐在地上用鞋抹掉均是错误的做法。因为痰里有细菌与病毒，咽回肚子里不利于健康；吐到墙角更加提供了细菌及病毒滋生的环境；吐在地上用鞋抹掉，不但不能杀死细菌与病毒，反而让细菌及病毒随鞋子带到更多的地方。

四、常剪指甲

手每天接触很多东西，会沾上细菌、病毒与寄生虫卵等，指甲缝里更是藏污纳垢、潜藏细菌与病毒的地方，洗手通常不能将指甲缝里的脏东西清洗干净。因此，要养成常剪指甲的好习惯。指甲剪短了，手也容易洗干净了，用手拿东西吃就不容易生病了。

五、咳嗽打喷嚏时遮掩口鼻

在大声说话或咳嗽、打喷嚏时，口腔或鼻腔会喷出大量飞沫。患有流感、肺结核等呼吸道传染病的患者排出的飞沫中会含有大量的病毒与细菌，这些飘浮在空气中的带菌飞沫，如果被健康人吸入，就可能患病。因此，日常生活中每个人都要养成不直接面对周围人咳嗽、打喷嚏与大声说话的习惯，随身携带手帕或纸巾，在咳嗽、打喷嚏时用手帕或纸巾捂住嘴，并将用过的纸巾丢进垃圾桶，手帕要及时清洗干净。

六、注意口腔卫生

（1）每天至少刷牙两次（早晚），晚上睡前刷牙更重要。

（2）做到“一人一刷一口杯”，避免交叉感染疾病。

（3）提倡使用保健牙刷，每 3 个月更换一次牙刷。如果牙刷毛发生弯曲或倒伏，会对口腔的软硬组织造成损伤，需要立即更换。

（4）使用正确的刷牙方法，能有效清除牙龈沟内牙菌斑。

（5）刷牙后应采用清水冲洗牙刷，并将刷毛上的水分甩干，刷头向上放在口杯中，置于通风处。

（6）饭后或平时吃东西后，应用温水漱口，去除口腔内的食物残渣，保持口腔清洁。

（7）提倡使用含氟牙膏。使用含氟牙膏刷牙是安全、有效的防龋措施，尤其适合有患龋倾向的儿童和老年人使用。学龄前儿童使用含氟牙膏刷牙，应在家长或老师的监督指导下，以防误吞。

（8）减少吃糖的次数，少喝碳酸饮料，可降低发生龋齿的风险。

七、注意居室卫生

居室应该保持适宜的温度与湿度，光线充足，通风良好，空气清洁，安静整洁，生活方便。室内酌情绿化。从小养成良好的卫生习惯，家中勤打扫，勤开窗通风，勤洗晒衣服卧具。保持灶具、食具洁净，特别要注意生熟食具分开，居室内无“四害”（即蚊子、老鼠、苍蝇、蟑螂）。

若室内自然光不足，可采用人工照明来补充。居室照明应做到：使用安全、照度足够、光源固定、避免耀眼、光谱接近日光的灯具；悬挂地点及高度要适当；配置必要的灯罩。

八、注意生活卫生

1. 不与小猫小狗等动物玩耍

小猫、小狗可能携带狂犬病毒、弓形体等病原体，若经常与小猫、小狗玩耍或不慎被其抓伤咬伤，可能因此感染狂犬病、弓形体病等，因此，尽量不要与小猫、小狗玩耍。

2. 勤晒被

太阳光中的紫外线可以消毒、杀菌，勤晒被子有利健康，因此，要养成勤晒被的好习惯。

3. 适当开窗通气

生命离不开阳光、空气与水。充分享受阳光，呼吸清新、不受污染的空气，利于身心健康。适当开窗通风，室外的新鲜空气可以进入室内，使室内空气中的微生物得到稀释、清除。即使在寒冷的冬季也应做到每天适当开窗通风。

4. 热爱整洁讲究卫生

在干净整洁的环境里各种病原微生物会减少，生活在整洁的环境里自然就可以少生病。因此，要从小养成爱整洁、讲卫生的好习惯。

5. 不乱丢纸屑等垃圾

垃圾是细菌、病毒的滋生沃土，乱丢垃圾会破坏生活环境，影响身心健康，因此，要从小养成不乱丢垃圾的好习惯，有垃圾要扔进垃圾桶，且垃圾桶要定期清理。

第十三节　保证充足睡眠

青少年阶段是身体生长发育的关键期，需要保证充足的睡眠与休息。生活规律，按时起床，按时休息，保证充足的睡眠，有助于青少年的身心健康。一般来讲，小学生每天保证睡眠10小时、初中生9小时、高中生8小时、成年人8小时。

一、睡眠的好处

1. 保护大脑，恢复精力

大脑在睡眠状态下耗氧量大大减少，有利于脑细胞贮存能量，故睡眠有利于保护大脑，提高脑力。睡眠充足者，精力充沛，思维敏捷，办事效率高，而睡眠不足者，易烦躁、激动或精神萎靡，注意力涣散，记忆力减退等；若长期缺少睡眠则可能导致幻觉等。

2. 消除疲劳，恢复体力

睡眠期间胃肠道与有关脏器合成并制造人体的能量物质，以供活动时使用。且由于体温、心率、血压下降，呼吸和部分内分泌活动减少，使基础代谢率降低，从而使体力得以恢复。因此，睡眠是消除疲劳、恢复体力的主要方式。

3. 增强免疫，康复机体

正常情况下，人体能对侵入的各种病原物质产生抗体，并通过免疫反应将其清除，从而保护人体健康。睡眠能增强机体产生抗体的能力，从而增强机体的抵抗力；且睡眠还可使各组织器官自我修复加快。

4. 促进生长，健康发育

睡眠期间血浆生长激素可以连续数小时维持在较高水平。所以，尤其是儿童，应保证充足的睡眠，以保证其生长发育。

5. 心理健康，心情舒畅

睡眠有利于驱逐压力，是大多数人自然而然应用的保持心理健康的良方。

6. 延缓衰老，促进长寿

睡眠通过下丘脑调节内脏的活动与激素的分泌，在人体深度睡眠下，夜晚9点到凌晨1点左右会分泌不可合成的人体必需激素，主要用来修复细胞的损伤，促进细胞的增殖和分化，确保各组织、器官的正常生长与发育。有生理学实验表明，缺乏睡眠的人，不仅免疫力大幅度降低，而且衰老速度也是正常人的4 ~ 5倍。

7. 皮肤美容，自然美丽

睡眠过程中皮肤毛细血管循环增多，其分泌与清除过程增强，加快皮肤的再生，故睡眠有益于皮肤美容。

8. 古今中外，睡眠名言

战国时名医文挚对齐闵王说："我的养生之道把睡眠放在头等位置，人和动物只有睡眠才能生长，睡眠帮助脾胃消化食物。所以睡眠是养生的第一大补，人一个晚上不睡觉，其损失一百天也难以恢复。"清代医家李渔曾提出："养生之诀，当以睡眠居先。睡能还精，睡能养气，睡能健脾益胃，睡能坚骨强筋。"美国医学教授威廉·德门特讲："睡眠是抵御疾病的第一道防线。"英国大戏剧家莎士比亚将睡眠誉为"生命筵席上的滋补品"。

二、睡眠不足的危害

1. 影响大脑的创造性思维

科学研究认为，人的大脑要思维清晰、反应灵敏，必须保持充足的睡眠，若长期睡眠不足，大脑得不到充分休息，就会影响大脑的创造性思维与处理事物的能力。

2. 影响皮肤的健康

皮肤依靠皮下组织的毛细血管提供充足的营养，才能柔润有光泽。若睡眠不足会导致皮肤毛细血管瘀滞，循环受阻，皮肤细胞得不到充足的营养，从而影响皮肤的新陈代谢，加速皮肤的老化，使皮肤显得晦暗而苍白。特别是会出现眼圈发黑，且易生皱纹。

3. 影响生长发育

生长发育除了与遗传、营养、锻炼等因素有关外，还与生长激素的分泌有关。生长激素是下丘脑分泌的一种激素，它能促进骨骼、肌肉、脏器的发育，而生长激素的分泌与睡眠密切相关，人在熟睡后有一个大的分泌高峰，随后又有几个小的分泌高峰，而在非睡眠状态，生长激素分泌减少。

4. 可引起肥胖

美国威斯康星大学的一份研究报告表明，睡眠不足 7.7 小时的人，与睡眠正常的人相比，体重指数会偏高。

5. 导致疾病发生

经常睡眠不足，可导致人心情忧虑焦急，免疫力降低，由此会导致多种疾病发生，如神经衰弱、胃肠疾病、感冒等。睡眠不足还会导致血中胆固醇含量增高，使得发生心脏病的风险增加；人体的细胞分裂多在睡眠中进行，睡眠不足或睡眠紊乱，会影响细胞的正常分裂，由此可能产生癌细胞突变而引起癌症发生。

三、提高睡眠质量的方法

1. 改变不良的睡眠习惯

（1）枕头过高：从生理角度上讲，枕头以 8 ～ 12cm 的高度为宜。枕头太低，容易造成“落枕”，或因流入脑部的血液过多，造成次日头脑发胀、眼皮水肿；枕头过高，会影响呼吸道畅通，易打呼噜，且长期高枕，易造成驼背或颈部不适。

（2）被子蒙头睡：以被蒙面睡容易造成呼吸困难，且吸入自己呼出的二氧化碳，对身体健康极为不利。

（3）枕着手睡：睡时两手枕于头下，除影响血液循环、造成上肢麻木酸痛外，还易使腹内压力升高，久而久之会产生“反流性食管炎”。

（4）睡前剧烈运动：睡前剧烈活动，会使大脑控制肌肉活动的神经细胞呈现极强烈的兴奋状态，这种兴奋在短时间里不易平静下来，使人不能很快入睡。故睡前应尽量保持身体平静，但可适当轻微活动，如散步等。

（5）坐着睡：坐着睡会使心率减慢，血管扩张，自然流到各脏器的血液也就少了，特别是在饭后，胃部消化需要血液供应，坐着睡会加重脑缺氧，造成头晕、耳鸣的出现。

（6）对着风睡：睡眠时人体对环境变化的适应能力降低，容易受凉生病。风为百病之长，善行而数变；善调摄者，虽盛暑不当风及生卧露下。因此，睡觉的地方应避开风口，注意适当关闭门窗、将窗帘拉到适当位置等。

（7）睡前饱餐、饮茶：若睡前吃得过饱，胃肠则要加紧消化，装满食物的胃就会刺激大脑，大脑有兴奋点，人便不会安然入睡，“胃不和，则卧不安”；茶叶中含有咖啡因等物质，这些物质会刺激中枢神经，使人兴奋，若睡前喝茶，尤其是喝浓茶，中枢神经会更加兴奋，容易导致失眠。

2. 养成睡眠好习惯

（1）规律作息：养成每天规律作息的好习惯，对于多数人来讲晚上 10 点最好开始睡眠，早晨 6 点起床，中午小憩即可；青少年每天需要充足的睡眠才能保证高的学习效率，不要“开夜车”，要养成白天高效率的学习方法。如果每天准时起床，定时置身清晨的日光之中，那么生物钟就会准时运转，这是提高睡眠质量的关键。

（2）正确睡姿：提倡适当右侧卧位，左侧卧位容易压迫心脏，也不利于胃的排空，使人睡不安稳。仰卧位时，双手会不自觉地放在胸腹上，影响呼吸，容易做噩梦。正常睡眠时，可以经常变换睡姿，以睡得安稳舒适为宜。

（3）良好的睡前饮食习惯：切忌睡前猛吃猛喝，晚餐不要吃太饱，睡前不要喝太多水；尤其不要喝咖啡、浓茶、可乐等兴奋性饮料；不要吃刺激胃肠道或引起腹部胀气的食物，如进食过多豆制品、洋葱、薯类等胀气食物，可导致消化道不适，影响睡眠。

（4）良好的睡前行为：下午锻炼是帮助睡眠的最佳时间；睡前泡脚，温度控制在40℃左右，时间以 15 ~ 30min 为佳；睡前不要看刺激性的视频或书刊，以保持情绪稳定。

（5）营造良好的睡眠环境：睡前最好先打开门窗让空气流通以后再关上门窗睡觉；酌情关闭手机或设置成静音；睡前关灯，保证环境的安静，减少睡眠干扰；温度尽量保持在 18 ~ 22℃等。

（6）调节烦乱心理：心中有过多的需求，才会带来过多的烦恼，减去过多的需求，学会放下，自然心中无忧、无烦恼。睡觉先睡心，“无忧才是入眠方”，只有学会放下生活中的包袱，才能启动健康的睡眠。

（7）严格控制白天午休或小睡时间：午休或小睡能让大脑得到暂时的休息，有助于整理输入大脑的信息，强化记忆力，但白天睡的太长会导致夜晚睡眠时间被“剥夺”，因此，白天的睡眠时间应严格控制在 1h 以内，最好不超过 0.5h，更不能在下午 3 点后还睡觉。

（8）不要随意服用安眠药：若睡眠不好，应在医生的指导下，合理服用安眠药，切忌自己随意购药。

第十四节　上网不成瘾

现代生活离不开计算机与网络，但是上网要有节制，以不影响正常的学习与生活为宜，更不要上网成瘾，影响身心健康与学习。

不玩网络游戏。玩网络游戏容易成瘾，影响学习与休息的情况时有发生，若长期盯着电脑还会严重地损害视力。

第十五节　劳逸结合

劳逸结合就是要合理安排学习、工作、活动与休息的时间，科学用脑，适量运动，促进身心健康发展。

该活动的时间尽情地科学活动，该工作的时间集中精力工作。只有尽情地科学活动，让身体活动好了，大脑得到充分的休息，才能在学习和工作时大脑清晰、思维敏捷，从而达到身体好、效率高的目的。不然，该活动的时间不活动，该休息的时间不休息，大脑整天不清晰，思维不敏捷，这样做的结果是学习、工作、身体都不会好。

第十六节　学会科学用脑与脑保健

一、科学用脑

1. 怎样科学用脑

（1）学习时让五官参与其中。在学习的时候如果让多种感官参与其中，有利于提高学习的效率。比如对同一内容进行学习，若仅用视觉时接受率为 20%，仅用听觉时接受率为 15%，若是两者并用接受率为 50%。

（2）交替进行不同的学习内容。学习的内容不同，会在大脑皮层的不同区域形成兴奋点。比如学习数学的时候，会在大脑皮层的某一个区域形成兴奋点；在学习语文的时候，会在大脑皮层的另一个区域形成兴奋点。因此，学习同一内容的时间过长，势必会加重大脑皮层某个区域神经细胞的负担，如果能够将不同的学习内容交替进行，让大脑皮层不同区域的神经细胞交替工作，使大脑得到充分的休息，有利于提高学习效率。

（3）充分利用最佳用脑时间。每一位青少年均有自己的最佳用脑时间。有的青少年早晨的记忆力最好，思维特别灵敏；有的则在晚上学习效果最好，头脑最清醒。因此，青少年应该充分利用自己的最佳用脑时间，提高学习效率，取得好的学习效果。在一天之内，时时刻刻都在用脑，有的时候效率高，有的时候效率不高，有的时候一般。这是因为在某一时间内，大脑皮层处于适度的兴奋状态，极易形成优势兴奋中心，建立条件反射，使观察力敏锐，注意力集中，想象力丰富，创造力旺盛，记忆力强，思维活跃，逻辑推理严密。科学研究发现，人的脑细胞的兴奋具有周期性的特点。因此，充分利用最佳的用脑时间，接受并贮存信息，发挥创造性思维，解决复杂的问题。

（4）创造适合自己的学习环境。大脑是人体耗氧最多的器官，充足的氧气有利于提高大脑的工作效率。因此，要适当开窗换气，使空气保持新鲜，并尽量避开噪音环境等。

（5）注意维护脑健康。大脑也会疲劳，只是因为在学习的时候，情绪处于兴奋的状态，所以很难察觉。大脑疲劳会破坏良好的心理状态，降低学习效率。因此，要合理安排文体活动、学习与睡眠休息的时间，严格遵守作息制度。

2. 青少年的课间该怎么过

一般情况下，青少年在上课 45 分钟后，会休息 10 分钟，这样的安排符合心理学与生理学的规律，对提高学习效率、身心健康都有好处。长时间用脑，心跳减慢，容易导致大脑供氧不足，极易产生困倦与疲劳，致使听觉与视觉功能受到影响，理解、思考、记忆与学习的效率就会大大降低。如果没有得到适当的休息，就会使身心健康与学习效果受到影响。因此，青少年在课间的时候应该根据自己的实际情况进行适当的活动，为下一节课的学习做好准备，只有课间活动好了，下一节课才更有精力。

课间活动为的是消除疲劳，改善大脑功能，为下一节课做好准备。所以，课间活动不能过于剧烈，可以向远处眺望，也可以在教学区附近散步等，让紧张的情绪放松下来，保持充沛的精力，从而提高学习的效率。

3. 适度用脑，越用越聪明

生命在于适量运动，大脑是否灵活则在于适度运用，许多人却忽视了这一点。勤于适度用脑，并不断进行思维活动，有助于延缓脑细胞的衰老，保持良好的思考能力。反之，如果不勤于用脑，大脑就会变得迟钝。

大脑皮层是高级神经活动的中心，听、说、读、写、记忆等会让神经细胞变得活跃，让人变得聪明。人的大脑皮层大约有 146 亿个神经细胞，而绝大部分的人在一生中仅能用到约 10 亿个，很大一部分潜力并没有得到开发与利用。值得提醒的是，30 岁以后，大脑的神经细胞会以每天坏死 10 万多个的速度慢慢减少。因此，年轻的时候适度多用脑，才能发挥更多的大脑潜能，减缓衰老的速度。

值得注意的是，开发大脑并不意味着过度使用脑资源，而是要适度。若过度使用，反而会让大脑受到损害。因此，应该学会科学、合理地使用大脑，让自己变得更聪明。科学、适度地用脑不仅不会损伤到大脑，反而有利于大脑的健康发育。反之，若总是懒于学习，不喜欢思考，那么大脑就会慢慢出现废退性萎缩的症状。

4. 怎样预防大脑疲劳

（1）动静交替。大脑皮层功能定位学说认为，大脑皮层各个区域经常交替工作，有利于避免某一区域的脑细胞疲劳。大脑皮层在进行某项工作的时候，相应部分的脑细胞就会处于兴奋的状态，而其他部分的脑细胞则会处于抑制的状态，在大脑皮层上形成兴奋区与抑制区，随着工作性质的改变，兴奋区与抑制区会轮换工作。

（2）目标合适。目标定太高，负担太重，会让自己总是处在紧张的状态之下，极易造成大脑疲劳。反之，目标定太低，负担过轻，也易造成大脑疲劳。适度的目标能够激发创造力，产生积极的情绪，使大脑的高级部位变得活跃，产生高度兴奋。大脑是思维的器官，在不疲劳的状态下积极思考，不仅没有坏处，反而会让大脑越用越灵。

（3）培养兴趣。只有激起自己的求知欲，对学习充满兴趣，才会让大脑的功能处于最佳的状态。

（4）适量运动。课外活动与体育锻炼均有助于增强体质，提高大脑反应的灵敏度，预防大脑疲劳。体育锻炼的方式多种多样，可以根据自身情况进行选择。

（5）睡眠充足。睡眠是保护大脑的重要途径，也是大脑皮层保护性抑制特点的需要。生理学研究表明，与浅睡 8 小时相比，熟睡 6 小时的效果更好。为了让自己熟睡，要尽力做到：临睡之前保持轻松愉快的心情，善于抵制刺激与抑制兴奋，切忌胡思乱想；临睡之前切忌食用刺激性的饮食，比如喝浓茶、咖啡等；不看刺激性过强的影视节目；不读过于紧张的文艺作品，以免大脑过于兴奋；按时睡觉，按时起床。

二、科学养护大脑

1. 健脑的食物有哪些

禽类：禽类主要指野禽和家禽的内脏、肉及其制品，主要有鸡、鸭、鹅、鹌鹑、鸽子等，可以将其加工并烹制成美味佳肴，营养价值很高。鸽肉对由于用脑过度引起的失眠、健忘、神经衰弱、夜尿频繁可以起到一定的辅助治疗作用。

水产类：水产类包括河鱼、海鱼及其他各种水产动植物，比如蟹、虾、蛤蜊、海蜇、海参与海带等。海带中含有丰富的碘；牡蛎中含有丰富的锌；贝类、鱼类则含有大量的二十二碳六烯酸和蛋白质，这些营养素均可起到健脑益智的作用。水产品中发挥健脑益智作用的主要是二十二碳六烯酸，这种物质广泛存在于海洋动植物中，而陆生动植物中没有或者含量很少。

虽然水产品的营养价值很高，但如果食用不当，就会对生命造成威胁，比如吃河豚就要小心。鱼肉极易腐败变质，所以吃鱼必须要新鲜。有的水产动物容易感染肝吸虫和肺吸虫，尤其是小溪和小河里的河蟹，往往是肺吸虫的中间宿主，若是吃的时候没有煮熟，极有可能会致病。因此在烹调加工的时候，一定要煮透烧熟。

鸡蛋：鸡蛋中的脂肪酸比例十分恰当，含有非常多的磷脂，包括卵磷脂、溶血磷脂、脑磷脂以及少量的神经鞘磷脂等，可谓大脑的“营养库”。最补脑的吃法就是煮鸡蛋。当蛋清已经凝固，蛋黄处于流动或者半凝固的状态吃最好。因为这个时候鸡蛋里面的卵磷脂等营养保留最好，而高温已经将鸡蛋里面的细菌杀死了。

苹果：人们把苹果称为“记忆果”“智慧果”，经常适量吃苹果可达到提高智能、增强记忆的效果。苹果除了含有大量的糖、矿物质与维生素等大脑必需的营养素外，还含有丰富的锌元素。人体很多重要的酶的组成均离不开锌，它是促进生长发育的关键元素。锌通过酶广泛参与体内糖、脂肪、蛋白质的代谢。核酸和蛋白质与记忆力息息相关，而锌是构成这些物质必不可少的元素。此外，苹果中还含有铁与磷等元素，极易被肠壁吸收，有宁神安眠、补脑养血之功。苹果的果香是缓解压抑与抑郁的良药，对于消除心理压抑效果显著。

葡萄：葡萄中含有大量的葡萄糖、维生素、氨基酸、有机酸，能够补益、兴奋大脑神经，对于缓解疲劳和神经衰弱有一定的作用。

银杏：银杏中所含的银杏萜内酯与总黄酮有利于促进血液循环，使脑血流情况得到改善，并软化、扩张血管，使机体的耐缺氧能力得到提高，且可增进合成记忆分子RNA、DNA与蛋白质，有利于提高记忆力。值得提醒的是，银杏必须在医师的指导下应用，不可自己随意食用。

龙眼：龙眼含有较多的钾、铁等元素，不仅可以增进血红蛋白的再生，而且可以治疗因贫血引起的健忘等。

桑椹：桑椹含有丰富的维生素、氨基酸和胡萝卜素等，含有的脂肪油也比较多，这些都有利于大脑的发育与活动。

橘子：橘子是一种极佳的养脑果品，富含维生素A、维生素B、维生素C等。橘子属于碱性食物，有一定改善酸性体质的作用。

莲子：莲子具有补脾固肾、清心、养神益智的作用，是养脑的佳品。

刺梨：刺梨所含的健脑益智成分主要是氨基酸、维生素及微量元素，它所含的氨基酸达 14 种之多，其中有 5 种是人体不能合成的。

大枣：大枣具有安神强志健脑的功效。大枣除含有大量的维生素之外，还含有脂肪、蛋白质、糖类、有机酸及钙、铁、磷等，这些均有益于大脑。

黑木耳：黑木耳有抗血小板凝结、减少血栓形成、降低血凝，防治脑动脉硬化之功。

洋葱、葱、蒜：洋葱被称为“蔬菜皇后”，含有人体必需的维生素与硫化物的混合物，可将体内的废物清除掉，延缓皮肤老化。葱和洋葱一样，含有一定量的前列腺素样物质，这种物质可以使血管扩张，减少外周阻力，有利于降低血压。大蒜具有降血脂的效果，有利于促进血液循环，消除疲劳，可起到一定的防治心脑疾病的作用。

玉米：玉米熟吃起到的作用更大，因为在烹煮的过程中玉米会释放一种抗氧化活性物质，且其所含的玉米黄素及叶黄素可以防止白内障的发生。

海带：海带不仅含有丰富的碘元素，而且含有蛋白质、碳水化合物、纤维素与矿物质等人体不可或缺的营养成分。此外，海带还富含卵磷脂、亚油酸等营养成分，具有健脑的功能。

大豆：在所有的植物性食物中，大豆是唯一一种可以与动物性食物相媲美的高脂肪、高蛋白且各种营养素含量丰富的食品。因此，大豆蛋白有“优质蛋白之首”“植物蛋白之王”“田中之肉”等美称。营养学家将由大豆制作的豆奶叫作“绿色牛奶”。大豆所含的营养成分非常多，其中大豆磷脂对提高人的记忆力十分重要，磷脂是组成神经细胞与大脑细胞不可或缺的成分，而大豆磷脂能够激活脑细胞，从而提高记忆力。另外，大豆磷脂还可起到降血脂的作用。心脑血管疾病之所以发生，主要是因为胆固醇沉积在心脑血管内，导致管腔变窄，而胆固醇之所以会在心脑血管内沉积则是由于胆固醇与磷脂的比例失调。适量的胆固醇与磷脂会合成为胆固醇脂，对血管内壁起到清扫的作用，因此，适量食用大豆及其制品，不仅会降低血脂，而且会使患心脑血管疾病的概率大大减少。

核桃：核桃是世界著名的四大干果之一，含有丰富的蛋白质和脂肪等，含油量超过了 60%。特别是核桃含有大量的磷脂，具有补脑、健脑之功，有利于大脑皮质的发育。适量吃核桃不仅有利于大脑的发育，还有利于防治失眠，镇咳喘，防便秘。

开心果：开心果的果仁含有大量的叶酸、维生素、钙、磷、钠、钾，以及矿物质、泛酸、烟酸等。开心果还含有大量的油脂，有润肠通便之功，有利于机体排毒。

松子：松子含有大量的维生素 A、维生素 E 及人体必需的油酸、脂肪酸、亚麻酸与亚油酸等。松子不仅有祛病强身、益寿养颜之功效，还有防癌和抗癌的作用。

花生：花生中蛋白质的含量约为 30%，其营养价值可与瘦肉、牛奶、鸡蛋等媲美，而且极易被人体吸收。花生衣还有补血的作用。

2. 不利于健脑的食物有哪些

加糖鲜榨果汁：加了糖的果汁热量会更高，而且糖分也更多。因此，建议还是适量食用新鲜水果为好。

咖啡：咖啡含有咖啡因的成分，而咖啡因是一种中枢神经兴奋剂。

爆米花：每千克爆米花中含铅量为 2.45 ~ 20mg，对人体的神经系统、消化系统与造血系统有很大的危害。

松花蛋：松花蛋含有一定量的铅，经常食用会导致铅中毒。铅中毒的表现有智力减退、好动、贫血、失眠等。

猪肝：每千克猪肝含胆固醇超过 400mg，若摄入太多胆固醇会导致动脉粥样硬化，因此，猪肝一次不要吃得过多。

油条：炸油条用的白矾是含铝的无机物，若每天吃油条，铝将难以从体内排出，体内存有太多的铝，就会对大脑和神经细胞产生毒害。

味精：摄入味精的量过多会导致血液中谷氨酸的含量增加，对人体利用镁与钙起到限制作用，从而引起短期的恶心、心慌、头痛等症状，对人体的生殖系统也会产生很大的危害。

3. 导致智力下降的食具是什么

（1）塑料食具。用聚苯乙烯制作的食具往往含有一定的毒性，用聚氯乙烯制作的食具也有微毒，因此应该避免使用。塑料制品中普遍含有 BPA，即一种叫作“双酚 A”的化学物质，这种化学物质能够从塑料制品内渗透到水和食品中，从而进入人体内，给大脑功能带来影响，进而影响智力。

（2）陶瓷与彩色搪瓷食具。陶瓷与搪瓷的表面均有一层釉，彩色釉通常含有镉、砷、铅等有害金属，若长时间使用，尤其是用于盛放碱性或酸性食物，这些有害物质就会进到食物中，从而进入体内，损害肾脏、肝脏、大脑，导致肾、肝疾病与智力低下，

（3）油漆食具。该类型的食具最常见的有食盒、筷子等。油漆中含有苯胺、苯、硫化物等有害物质，若长时间使用油漆食具会使这些物质进入体内，损害人的肾、肝、

大脑，很容易产生智力下降等。

（4）铜食具。最为常见的是铜火锅。铜很容易生锈氧化，也极易被酸性食物溶解，通过食物进到人体。人体吸收大量的铜，会损害大脑、肝脏，影响智力。在生活中常看到的铜火锅外面会衬一层锡，而食用过量的锡也会使智力受到影响。

（5）锡食具。目前很少看到锡食具，但在一些少数民族地区经常用锡制品来盛酒，因为锡不仅光亮还能保暖。但若溶入酒中的锡过多，人体吸收过量的锡就会产生反应迟钝、惊痫等智力下降的情况。

（6）铝食具。长时间使用铝食具会导致智力衰退。尤其是用铝锅炒菜，铝会通过食物进入人的体内，若人体摄入铝超过了一定的限度，就会对大脑神经系统产生危害。

人们往往喜欢漂亮的餐具，但是漂亮餐具的背后往往隐藏着影响身心健康的危险，知道了这些，在使用锅、盘、碗、筷、勺的时候就要有意选择健康的食具了。

4. 有损大脑的不良饮食习惯是什么

（1）不吃早餐。不吃早餐会导致血糖低于正常的供给，无法供应大脑所需的营养，时间长了就会损害大脑。此外，早餐的质量也与智力的发展有极大的关系。一般情况下，吃高蛋白早餐的人保持最佳思维的时间会长一些，而食素的人则精力与情绪都下降得比较快。

（2）长期饱食。若一日三餐顿顿饱食就会造成血液在肠胃里堆积得过久，致使大脑缺氧缺血，不利于大脑细胞的发育。更为严重的是，大脑中有一种纤维芽细胞生长因子，若长期饱食会导致这种因子大量分泌，造成血管细胞增殖，管腔变窄，供血能力变弱，从而使脑缺氧的情况加重。

（3）吃油炸食品过多。煎饼、油条、煎鸡蛋、油炸花生米等油炸类食品的口感很好，偶尔吃一些没有什么大碍，但若长时间食用就会损害大脑。因为在制作这些食品的过程中加入了含铝的发酵粉，而铝会杀死脑细胞；高温烹调又会产生苯丙芘等致癌物质；这些食品还含有较多的过氧化脂质，会导致脑细胞过早衰老。

（4）吃零食过多。常吃零食，肠胃就会经常处于紧张状态，集中大量血液，进而导致大脑缺血的情况，再加上零食多为爆米花或者油炸类食品，前者含铅多，后者含铝多，均会损害脑细胞。

（5）吃咸食过多。氯化钠是盐的主要成分，若进食太多咸食就会造成体内钠离子浓度变高，不仅易患感冒、胃炎、高血压等疾病，而且会使大脑受到损害。因此，每天的食盐量不宜超过 5g（包括酱油等所有食物所含的盐），这是保护大脑的重要一环。

（6）吃甜食过多。适量吃糖类食品，有利于大脑的发育，因为葡萄糖是脑细胞的重要能源，但并不是吃得越多越好。因为带阴离子的酸根是糖在人体内的最终代谢产物，若吃甜食过多就会变为酸性体质，导致脑功能下降，出现反应迟钝、记忆力涣散、精神不振，严重者还会引发神经衰弱。

（7）吃素食过多。脂质是大脑的重要组成部分，是脑的“第一需要”，而蛋白质被列为脑的“第二需要”，脂质的重要性高于蛋白质，尤其是二十碳五烯酸、二十二碳六烯酸等不饱和脂肪酸，在智力发育中起着极为重要的作用，而这些重要的健脑物质多存在于荤类食物中，蔬菜、谷物类食品中几乎没有。

（8）厌食。若是一日三餐进食过少，甚至总是处于饥饿的状态，大脑就会受到损害。厌食者的体重要比食欲正常的人轻 30%，记忆力、注意力、计划与学习能力等也均较低，大脑呈现一定的萎缩状态。厌食症状在经过治疗后，虽然体重会恢复正常，但是大脑的形态和功能已经得不到补救，未摄取足够的大脑所需要的营养是造成这种后果的重要原因。

三、健脑的休闲娱乐

1. 音乐利于脑健康

大脑对音乐十分敏感。“我们的许多科学成都是从音乐中启发出来的。”这是爱因斯坦的一句名言。音乐“能神明”，则是明代著名医家张景岳的名言。这里所说的“神明”指的就是大脑。经常适量参加音乐活动有利于增强大脑传输与处理信息的能力，使神经元的活动旺盛，与此同时，还会刺激大脑细胞的增生能力，使突触的数目急剧增加，有助于促进大脑的思维能力。若一个人经常参加如乐器弹奏等主动性的活动，对大脑中枢的发育将会大为有利。

总之，音乐可以健脑益智，可以延缓大脑的衰老，音乐不但可以改善记忆力，而且可以激发大脑出现创造性的奇迹，这就是音乐的魅力所在。

2. 弹钢琴利于智力开发

不管是学习管乐、弦乐，还是键盘乐均能达到开发智力、训练大脑的效果。特别是学习钢琴，对开发智力更具有十分重要的意义。钢琴的魅力使它成为世界上最受人们喜爱的乐器之一。学习钢琴，不但可以培养音乐素养、陶冶情操，而且有利于大脑的发育，进而为科学文化知识的学习提供良好的智力条件。

钢琴弹奏的独特形式决定了它具有开发智力的作用。弹奏钢琴时，十个手指都要按着一定的指法动作，腕、臂相结合，用力各有轻重。若十个指头没有弹到相应的键上，就不能弹出美妙的乐曲，或者弹出的声音不能成曲。此外，在运用钢琴踏板时，手、脚之间需要密切配合，这样弹出的音乐才会富有生气，充满活力，更加感人，更有风采。

弹钢琴利于训练听觉感受。如果一个弹奏钢琴的人听不准音，听不出和声，又怎么能弹奏出优美动听的旋律？因此，学钢琴一定要训练听力，对自己弹奏的乐曲要注意倾听，并将不同的音色、音调等辨别出来。听记训练与听想训练是听力训练的两部分内容。听得准才能记得清，印象才会更加深刻，这有利于良好记忆力的培养。而听想训练则要求一边听一边思考，进行深层次的联想和思考，使听与想互相促进，让思维可以更好地伴随听觉。

弹钢琴利于训练视觉感受。弹钢琴的时候，不仅需要手与脚之间的密切配合，还要具备良好的读谱能力。弹奏的时候不但要看清楚五线谱上的各种符号，还要将其反映到弹奏的过程中去，即在看到音符以后，手指要快速找到相应的键盘位置，这对于观察事物与看书学习具有积极的意义。

弹钢琴利于培养注意力。在弹奏的过程中，要做到手弹、眼看、脚踏、耳听、脑想、口唱，身体的多部位、多器官要同时并用，非常默契地配合。如果不能集中注意力，势必不能弹奏出好的乐曲。因此，弹奏钢琴是一种独特的集中注意力的训练，而注意力的训练是智力开发的一个重要内容。

3. 适当下棋让大脑变得更聪明

棋的种类很多，常见的有围棋、跳棋、军棋、中国象棋、国际象棋。下棋是一种集趣味性、竞技性、知识性、科学性为一体的文体活动。适当下棋可以调节情绪，可以养心益智，是一种以脑力活动为主的娱乐活动，老少皆宜。

棋盘上瞬息万变，若想要取胜就一定要充分运用自己的智慧，使“智慧自生”，使尽可能多的脑细胞得到开发与利用，使大脑的功能得到锻炼，活跃思维。

下棋的时候，要求全神贯注，平心静气，摒弃一切杂念。因此，对于精力极易分散、注意力不集中的青少年来说，下棋有利于锻炼注意力。

适当下棋利于锻炼判断能力与决断能力。由于棋局变化莫测，机会稍纵即逝，能够抓住战机便可获胜，稍有迟疑便会错失良机。

适当下棋利于培养独立思考的能力。实际上，下棋的过程就是判断、计算、推理与决策的过程。以围棋为例，围棋是以军事辩证法为基础，需要将分析能力、默记能力、计算能力与战略战术糅合在一起，利于启迪智慧，健脑益智。

4. 美术利于开发智力

智力是人在认识事物和思辨过程中各种能力参与的综合产物，是人类认识并改造世界，以适合自身的生存及发展需要的心理结构。而美术具有培养观察力、记忆力、思维能力、创造力、想象力的功能，因此成为开发智力的一个重要工具。美术在开发智力的过程中，具有以下几个作用：

（1）可培养视知觉能力。每个人的视知觉能力不同，同样的物体给不同的人的感觉是不一样的，也许是线条美，也许是体积美。相同的物体，让不同的人去感受并将其画出来，风格自然会不同。因此，在美术的表现手法上出现了不同的美术流派。在学习美术的过程中可以获得审美的能力，从而促进了智力的发展。

（2）利于观察力和记忆力的发展。观察物体的过程就是记忆的过程。写生和命题作画是现代美术教育的基本要求。写生即现场对某一物体进行观察并将其画下来，这是对观察能力的一种锻炼。而命题作画则是凭借自己平时观察物体时的记忆来绘画，这需要有很强的记忆力。形象的储存可以使人的创造能力或者智力活动得到满足，因此美术能促进人类智力的开发。

（3）利于思维能力的发展。思维是大脑对现实的加工反映。对某一事物进行观察之后，再加以分析与概括，并掌握其发展的规律，这样才能有所发明与创造。在学习、掌握与运用知识的过程中，思维能力起着极其重要的作用。画家的思维往往比较活跃，想象力也比较丰富。这是因为他们在画画的过程中接触的事物比较多，受到的感知刺激也比较多，因此，积累了丰富的感性知识，从而有利于他们进行积极的形象思维活动。

（4）利于培养丰富的想象力。丰富的想象力是取得学习与工作成绩的重要因素，没有想象就没有创造。许多有才能的艺术家都是富于联想的，他们在深入思考的过程中，能够举一反三，由此及彼，于是就有了创造的灵感，将某一领域的知识技能运用到其他领域内，许多奇迹均是这样产生的。

（5）提高概括、分析与判断能力。画得像并不是美术的最高标准，而应在掌握结构、比例、透视的基础上，对物体的形象特征进行高度的概括，并摄取该物体的精神特征。在画画的过程中要学会取舍，并懂得处理疏密关系，这有利于培养概括能力。

5. 练习书法提高智商

在书法练习过程中，人要专注，并将每一个字写好，这离不开手、眼睛与大脑之间的配合，以及双手不同动作及全身肢体间的配合。

书法利于培养观察能力。在拿到一本字帖时，首先要读帖，找到该字帖的特点，发现该字帖的好处，否则习字的时候自然提不起兴趣。此外，书法欣赏是培养观察能力的一个重要项目，也是发展心智的一个重要途径。

书法益于大脑的发育。在书写汉字的时候需要手和脑之间的配合来完成韵律优美与复杂细腻的书写动作，对智力发展非常有益。

书法利于培养善于琢磨与体会的好习惯。观察是表面的、感性的，分析、比较、研究则是内在的、理性的。若想要练好书法，就一定要具备分析比较的能力，对照字帖将自己临摹的欠缺找出来，并能表现不同字帖字体的不同特征。

书法利于培养创新能力。空间范围限制了汉字结构单位的组合，不管一个字的笔画有多少，一定要匀称地分布在一个方块形空间内。因此，练习书法有利于培养缜密的思维能力，使大脑的形象思维及直觉思维紧紧联系在一起，从而形成谋事周全、着眼全局的良好品质。

书法练习可提高大脑左右半球的协调能力与大脑反应能力。往往书写水平越好，大脑右半球的反应灵敏度就越高。因此，书法练习有利于提高智商。

6. 打乒乓球健脑

打乒乓球主要有以下好处：

（1）利于锻炼身体。打乒乓球是一项全身运动，具有变化多、速度快的特点，在进行该项运动时活动了全身的关节组织与肌肉，使上下肢活动能力与动作速度均得到了提高。

（2）利于增强智力，提高效率。在条件允许的情况下，如果有一位合适的对手作为陪练，那么打乒乓球会成为提高手、眼配合能力的最佳运动方式，是开动脑筋的一个好方法。

（3）利于灵敏、协调、反应与操作能力的提升。由于打乒乓球的娱乐功能与竞技性特点十分明显，使得它成为一项调节神经紧张、保持活力与培养机智果断、勇敢顽强等品质的运动。

（4）利于预防近视眼。打乒乓球时不仅要手快，更要眼快。由于球速很快，落点或左或右，或近或远，有时旋转有时不转，为了判断准确，往往需要通过眼睛来获取球的信息，这使得眼球一直在快速运动，还要与大脑进行快速的反馈联系，这种调节眼睛的体育运动能够有效地改善眼睛睫状肌的功能，利于预防近视眼，从而保护视力。

（5）利于培养良好的心理素质。由于乒乓球的锻炼价值及它本身的竞技特点，可使热爱打乒乓球的人慢慢形成超出常人的良好心理素质。

（6）利于提升精力。喜欢打乒乓球的人往往有这样的体会，即在紧张的学习、工作之余，打一会儿乒乓球出一身汗，会感到非常惬意，随之而来的还有旺盛的精力和振奋的精神。

第十七节　不乱用化妆品

值得提醒的是，滥用化妆品会造成黄褐斑等，这是因为某些不合乎化妆品卫生标准的化妆品中铜、锌、汞、铅含量超标，皮肤吸收后会造成酪氨酸酶活性增强，加速黑色素沉着；还有一些伪劣化妆品刺激皮肤后会导致炎症，加重色素沉着。此外，化妆品使用过多或使用受污染的化妆品都会加重色素沉着，甚至破坏皮肤的正常生理功能。有些不合格的化妆品还会导致肾功能损害。经常使用含有激素的化妆品也不利于乳腺癌的预防。

第十八节　保持正确的读写姿势

养成良好的读写姿势不仅需要从小做起，更需要家长与教师的长期督促，从而让孩子养成“姿势不对不读书”“姿势不对不动笔”的好习惯。正确的读写姿势不仅能保证书写自如，减轻疲劳，提高书写水平，还能促进青少年身体的正常发育，预防近视、斜视、脊椎弯曲等多种疾病的发生。因此，必须高度重视。

正确的写字姿势：纸张平放，头正、肩平、背直，胸离桌子一拳，眼离纸张一尺，两臂平放桌上，左手按纸，右手执笔。右手拇指与食指握住笔杆下端，距离笔尖约一寸，同时用中指在内侧抵住笔杆，无名指与小指支住中指，笔杆握得松紧适度，笔杆上端稍稍向右偏，紧贴虎口，与纸面约成45°。

正确的读书姿势：腰板直，坐端正，背部不要弯，胸部稍稍挺起，手臂自然下垂，大腿平放椅面，腰部靠在椅背，小腿直立地面或稍向前伸一些。特别注意胸部与桌面要保持一拳距离，让呼吸与血液流动都很自然。书本不要直立，也不要平放，要把书本的上端垫高一点。眼睛与书本要保持一尺的距离。

第十九节　远离毒品

毒品具有很强的成瘾性，一旦沾染毒品很难彻底戒除。不应以任何理由尝试毒品。

一、毒品是怎么回事

毒品（包括新型毒品和传统毒品）具有很强的危害性，新型毒品更是具有很强的欺骗性。

（1）新型毒品又称“聚会毒品”或“俱乐部毒品”，主要指化学合成的兴奋剂和致幻剂类毒品，如冰毒、麻古、摇头丸、K 粉等。

（2）新型毒品一般用五颜六色的外包装作伪装，让青少年误以为是时髦、流行和安全的，吸引青少年不知不觉尝试吸毒而成瘾。

（3）新型毒品直接损害大脑细胞，对人的神经系统造成长期、永久的伤害，并导致心律失常、心血管功能受损，甚至猝死。

（4）传统毒品包括鸦片、吗啡、海洛因等，主要破坏人的免疫功能，损害心、肝、肾等脏器，过量使用会导致呼吸衰竭而死亡。

世界卫生组织将毒品分为八大类，分别是阿片类、可卡因类、大麻类、中枢神经兴奋药、酒精及镇静催眠药、致幻剂、挥发性有机溶剂、烟草。

我国相关文件规定，毒品是指鸦片、海洛因、甲基苯丙胺（冰毒）、吗啡、大麻、可卡因和摇头丸、氯胺酮 (K 粉) 以及按国家规定管理的其他能够使人形成毒瘾的麻醉药品和精神药品。

二、何为吸毒

吸毒在医学上称为药物滥用，是指过分和有害地使用有潜在成瘾倾向的药物，导致不可逆转的躯体损伤，它违背了社会风俗与文化，是以取得快感或避免不快为特点的一种精神与躯体病理状态。

三、吸毒的危害

1. 个体危害

长期吸食毒品会对吸毒者的中枢神经系统产生明显的损害，成瘾者丧失对毒品外所有事物的兴趣，丧失对社会、家庭、事业的责任感，丧失对周围人与事的信任感，缺乏自信心、自尊心，道德沦丧，学习、记忆、判断能力急剧下降。呼吸系统发病率增高，睡眠减少、食欲下降，免疫功能下降，感染机会增加。吸毒人员的死亡率通常为正常人群的15倍。

2. 社会危害

吸毒行为不仅危害吸毒者个人的身心健康，而且危及家庭的稳定、社会的安定与人类的健康，是全球性的一大公害。吸毒者需要大量的毒资，面对高额的费用与强烈的诱惑，会不择手段，甚至铤而走险，进行抢劫、盗窃、贪污、卖淫甚至杀人等违法犯罪行为。大量事实证明，吸毒已成为诱发犯罪、危害社会治安的根源之一。

3. 公共卫生危害

由于注射毒品者常共用注射器与针头，造成艾滋病、乙肝等血液传播性疾病在吸毒者之间蔓延。同时吸毒者的性行为比较混乱，通过性传播途径会将疾病传播到非吸毒人群。

4. 经济危害

经济损失源于吸毒导致的社会劳动力减少、禁毒戒毒的代价、毒资的消耗等。每年全球毒品的非法交易额已高达8000亿~10000亿美元，仅次于军火贸易。

四、不应以任何理由尝试毒品

（1）不要因猎奇、从众、追求个性、消愁解闷等尝试毒品。

（2）不要效仿影视作品中的吸毒者，吸毒绝不是时尚和身份的象征。

（3）不要对任何毒品抱有侥幸心理。凡是毒品都极易成瘾，一旦成瘾很难戒除。

（4）不要接受陌生人馈赠的香烟、饮料和食品等。不要结交有吸毒、贩毒行为的人。

第二十节　关注口腔健康

1. 正确认识口腔健康

口腔健康是指牙齿清洁、无龋洞、无痛感，牙龈颜色正常、无出血现象。龋病与牙周疾病是最常见的口腔疾病。而这类疾病的产生都是由附着在牙齿上的细菌堆积形成的菌斑导致，通过自我口腔保健与专业口腔保健及时清除牙菌斑是维护口腔健康的基础。

2. 保持口腔健康措施

（1）定期进行口腔检查。建议成年人每年口腔检查一次，及时发现口腔疾病，尽早治疗。提倡学龄前儿童每 6 个月进行一次口腔健康检查，及时纠正吮指、咬下唇、吐舌等不良习惯。

（2）早晚正确刷牙饭后漱口。晚上睡前刷牙尤为重要，刷牙后注意不要再进食。漱口一定要用温水。

（3）提倡应用牙线清洁牙间隙。刷牙时牙刷刷毛不能完全伸及牙缝隙，建议刷牙后配合使用牙线或牙缝刷等工具清洁，以达到彻底清洁牙齿之目的。

（4）刷牙习惯应从儿童养成。0 ~ 3 岁儿童的口腔护理应由家长帮助完成；3 ~ 6 岁儿童由家长与幼儿园老师教授简单的花圈刷牙法，尽量独立刷牙，或由家长协助刷牙；6 岁以上儿童，家长仍需做好监督，以确保刷牙的质量与效果。

（5）及时窝沟封闭预防窝沟龋。窝沟封闭是预防恒磨牙窝沟龋的最有效方法。6 岁左右萌出的第一恒磨牙与 12 岁时长出的第二恒磨牙都需要及时进行窝沟封闭。做完窝沟封闭的儿童应定期口腔检查，若发现封闭剂脱落应重新封闭。

（6）应用含氟牙膏刷牙预防龋病。应用含氟牙膏刷牙是安全有效的防龋措施，但应提醒的是牙膏不能替代药物，只能起到预防作用，不能治疗口腔疾病。若有口腔疾病应及时就医正确治疗。

（7）科学吃糖少喝碳酸饮料。如经常摄入过多的含糖甜食或饮用过多的碳酸饮料，可导致牙齿脱矿，引发龋病或造成牙齿敏感。吃糖次数越多，牙齿受损概率越大。因此，应尽量减少每天吃糖的次数，不喝或尽量少喝碳酸饮料，进食后及时用清水漱口清除食物残渣，或咀嚼无糖口香糖，均可降低龋齿发生的风险。

（8）牙齿缺失应及时修复。牙齿不但有咀嚼食物功能，而且承担辅助发音与维持面容形态的功能。无论失牙多少，均应在拔牙 2 ～ 3 个月后及时进行义齿修复。对于佩戴活动假牙（可摘义齿）的老年人，应在每次饭后及时取出刷洗干净，夜间不戴假牙时，则应及时清洗后浸泡在冷水中保存。

（9）定期科学洁牙保持牙周健康。建议每年定期科学洁牙（洗牙）一次。洁牙可能会出现轻微出血与短暂的牙齿敏感，但不会伤及牙龈与牙齿，更不会造成牙缝稀疏与牙齿松动。

第二十一节　合理用药

常见中成药的合理应用。

速效救心丸

【组成】川芎、冰片。

【功能主治】行气活血，祛瘀止痛，增加冠状动脉血流量，缓解心绞痛。用于气滞血瘀型冠心病，心绞痛。

【用法用量】含服。一次 4 ～ 6 粒，一日 3 次；急性发作时，一次 10 ～ 15 粒。

【按语】建议老年人或有冠心病者在睡觉的床前备一瓶速效救心丸，在裤兜内随身带一瓶速效救心丸，一旦出现心绞痛等，可随时酌情舌下含服 10 ～ 15 粒，必要时可打急救电话，到医院诊治。

逍遥丸

【组成】柴胡、当归、白芍、白术（炒）、茯苓、炙甘草、薄荷、生姜。

【功能主治】疏肝健脾，养血调经。用于肝郁脾虚所致的郁闷不舒、胸胁胀痛、头晕目眩、食欲减退、月经不调。

【用法用量】口服。一次 6 ～ 9g，一日 1 ～ 2 次。

【其他剂型】逍遥合剂、逍遥口服液、逍遥丸（大蜜丸、浓缩丸）、逍遥颗粒。

【按语】在琐事较多或工作不顺利时，出现心情不舒、食欲减退、胸胁胀痛等不适表现，中医辨证属于肝郁脾虚者，可在医生的指导下应用，调节情志。

丹栀逍遥片

【组成】柴胡、当归、白芍、白术、茯苓、甘草、牡丹皮、栀子。

【功能主治】疏肝健脾，解郁清热，养血调经。用于肝郁脾弱，血虚发热，两胁作痛，头晕目眩，月经不调等。

【用法用量】口服。一次 6 ~ 8 片，一日 2 次。

【其他剂型】丹栀逍遥丸、丹栀逍遥胶囊。

【按语】在琐事较多或工作不顺利时，出现两胁作痛，头晕目眩，心情不舒，颊赤口干等不适表现，中医辨证属于肝郁化火者，可在医生的指导下应用，调节情志。

小柴胡片

【组成】柴胡、半夏（姜制）、黄芩、党参、甘草、生姜、大枣。

【功能主治】解表散热，舒肝和胃。用于外感病，邪犯少阳证，证见寒热往来，胸胁苦满，食欲不振，心烦喜吐，口苦咽干。

【用法用量】口服。一次 4 ~ 6 片，一日 3 次。

【其他剂型】小柴胡颗粒、小柴胡泡腾片、小柴胡丸（浓缩丸）、小柴胡胶囊。

【按语】当出现寒热往来，胸胁苦满，食欲不振，心烦喜吐，口苦咽干等，中医辨证为邪犯少阳证，即可应用。

银黄颗粒

【组成】金银花提取物、黄芩提取物。

【功能主治】清热疏风，利咽解毒。用于外感风热，肺胃热盛所致的咽干、咽痛。喉核肿大、口渴、发热；急、慢性扁桃体炎，急、慢性咽炎，上呼吸道感染见上述证候者。

【用法用量】开水冲服。一次 1 ~ 2 袋，一日 2 次。

【其他剂型】银黄含化片、银黄口服液等。

【按语】当出现咽干、咽痛；喉核肿大、口渴、发热；急、慢性扁桃体炎，急、慢性咽炎，上呼吸道感染等，中医辨证属于外感风热，肺胃热盛者，即可应用。

麻杏止咳片

【组成】麻黄、苦杏仁、石膏、炙甘草。

【功能主治】镇咳，祛痰，平喘。用于急、慢性支气管炎等。

【用法用量】口服，一次 3 片，一日 3 次。

【按语】具有辛凉宣泄、清肺平喘之功。用于风热袭肺，或风寒郁而化热，壅遏于肺所致的喘咳病证。

藿香正气合剂

【组成】广藿香、紫苏叶、白芷、白术（炒）、陈皮、半夏（姜制）、厚朴（姜制）、茯苓、桔梗、甘草、大腹皮、大枣、生姜。

【功能主治】解表化湿，理气和中。用于外感风寒，内伤湿滞，头痛昏重，胸膈痞闷，脘腹胀痛，呕吐泄泻。

【用法用量】口服。一次 10 ～ 15mL，一日 3 次。用时摇匀。

【其他剂型】藿香正气丸、藿香正气丸（浓缩丸）、藿香正气颗粒、藿香正气胶囊。

【按语】对夏秋多雨季节发生的感冒，辨证属于外感风寒、内伤湿滞者，疗效较好。即便不是夏秋多雨季节，因吹空调、吹电扇、喝冷饮等出现头痛昏重，胸膈痞闷，脘腹胀痛，呕吐泄泻等，辨证属于外感风寒、内伤湿滞者也有较好疗效。

防风通圣丸

【组成】麻黄、荆芥穗、防风、薄荷、大黄、芒硝、滑石、栀子、石膏、黄芩、连翘、桔梗、当归、白芍、川芎、白术（炒）、甘草。

【功能主治】解表通里，清热解毒。用于外寒内热，表里俱实，恶寒壮热，头痛咽干，小便短赤，大便秘结，瘰疬初起，风疹湿疮。

【用法用量】口服。水丸一次 6g，一日 2 次；浓缩丸一次 8 丸，一日 2 次。

【按语】可辨证应用于外寒内热、表里俱实的多种病症。

附子理中片

【组成】附子（制）、党参、白术（炒）、干姜、甘草。

【功能主治】温中健脾。用于脾胃虚寒，脘腹冷痛，呕吐泄泻，手足不温。

【用法用量】口服。一次 6 ～ 8 片。一日 1 ～ 3 次。

【其他剂型】附子理中丸（大蜜丸、小蜜丸、水蜜丸、浓缩丸）、附子理中口服液。

【按语】当出现脘腹冷痛、呕吐泄泻、手足不温等不适表现，中医辨证属于脾胃虚寒者即可应用。

保和丸

【组成】焦山楂、六神曲（炒）、半夏（制）、茯苓、陈皮、连翘、炒莱菔子、炒麦芽。

【功能主治】消食，导滞，和胃。用于食积停滞，脘腹胀满，嗳腐吞酸，不欲饮食。

【用法用量】口服。（大蜜丸）一次 1 ～ 2 丸，一日 2 次；小儿酌减。

【其他剂型】保和片、保和颗粒、保和丸（大蜜丸、浓缩丸）、保和口服液、保和液。

【按语】当出现脘腹胀满、嗳腐吞酸、不欲饮食等不适表现，中医辨证属于食积停滞者即可应用。

桂枝合剂

【组成】桂枝、白芍、生姜、甘草、大枣。

【功能主治】解肌发表，调和营卫。用于外感风邪，头痛发热，鼻塞干呕，汗出恶风。

【用法用量】口服。一次 10 ～ 15mL，一日 3 次。

【其他剂型】桂枝颗粒。

【按语】当出现头痛发热、鼻塞干呕、汗出恶风等不适表现，中医辨证属于外感风寒，表虚证者即可应用。

桂枝茯苓丸

【组成】桂枝、茯苓、牡丹皮、赤芍、桃仁。

【功能主治】活血，化瘀，消癥。用于妇人宿有癥块，或血瘀经闭，行经腹痛，产后恶露不尽。

【用法用量】口服。一次 1 丸，一日 1 ～ 2 次。

【其他剂型】桂枝茯苓丸（浓缩丸）、桂枝茯苓胶囊。

【按语】妇人宿有癥块，或有血瘀经闭、行经腹痛、产后恶露不尽等不适表现，中医辨证属于血瘀者即可应用。可广泛应用于血瘀所致的多种病症。

血府逐瘀胶囊

【组成】柴胡、当归、地黄、赤芍、红花、炒桃仁、麸炒枳壳、甘草、川芎、牛膝、桔梗。

【功能主治】活血祛瘀，行气止痛。用于气滞血瘀所致的胸痹、头痛日久、痛如针刺而有定处、内热烦闷、心悸失眠、急躁易怒。

【用法用量】口服。一次 6 粒，一日 2 次；一个月为一个疗程。

【其他剂型】血府逐瘀口服液、血府逐瘀丸。

【按语】当出现胸痹、头痛日久、痛如针刺而有定处、内热烦闷、心悸失眠，急躁易怒等不适表现，中医辨证属于气滞血瘀者即可应用。可广泛应用于气滞血瘀所致的的多种病症。

五子衍宗片

【组成】枸杞子、菟丝子（炒）、覆盆子、五味子（蒸）、盐车前子。

【功能主治】补肾益精。用于肾虚精亏所致的阳痿不育，遗精早泄、腰痛、尿后余沥。

【用法用量】口服。一次 6 片，一日 3 次。

【其他剂型】五子衍宗软胶囊、五子衍宗胶囊、五子衍宗丸（大蜜丸、小蜜丸、水蜜丸、浓缩丸）、五子衍宗颗粒、五子衍宗口服液。

【按语】五子衍宗丸具有补肾益精的功效，被誉为“种子第一方”，广泛用于肾虚精亏所致生殖系统疾病的治疗，同时在中医整体观和“同病异治”“异病同治”治疗原则的指导下，其临床常用于神经系统、泌尿系统、呼吸系统疾病及肿瘤的治疗。

（1）妇科病：五子衍宗丸适用于肾虚精亏所致的不孕症、月经不调、性功能障碍等多种妇科病症。

（2）男科病：五子衍宗丸适用于肾虚精亏所致的早泄、阳痿、不育症、前列腺疾病等多种男科病症。

（3）中医辅助生殖：五子衍宗丸可应用于体外受精－胚胎移植中的卵巢反应功能低下、子宫内膜容受性差等的治疗。特别是辨证应用于身体整体调节，尤其是在调节自身卵巢功能，诱导排卵与提高优质卵泡数，改善子宫内膜容受性，提高妊娠成功率与试管婴儿出生率，并有效降低西药的不良反应等方面有一定独特优势。

（4）优生：备孕的男女双方，最好在孕前 3 个月，按照中医的思维辨证应用五子衍宗丸，科学调理，利于优生。

（5）其他：五子衍宗丸不仅可以广泛应用于肾虚精亏所致多种妇科疾病、男科疾病的治疗，还能在肾虚精亏所致神经系统、泌尿系统、消化系统、呼吸系统等疾病领域给患者带来惊喜。

湿热体质的人不宜应用。

佳蓉片

【组成】倒卵叶五加、熟地黄、肉桂、附子（制）、枸杞子、女贞子（制）、山药、茯苓、菟丝子（制）、肉苁蓉（制）、牡丹皮、泽泻。

【功能主治】滋阴扶阳，补肾益精。用于更年期综合征肾阴阳两虚证，证见烘热汗出，畏寒怕冷，腰膝酸软。

【用法用量】口服。一次 4 ～ 5 片，一日 3 次。

【按语】根据中医“异病同治”“同病异治”的原则，佳蓉片适用于肾阳虚、肾阴阳两虚所致的多科病症。

（1）妇科病：佳蓉片适用于肾阳虚、肾阴阳两虚所致的不孕症、月经不调、痛经、更年期综合征、子宫内膜异位症、更年期妇女灼口综合征、性功能障碍、黄褐斑、乳癖、慢性盆腔炎、产后恶露不行等诸般病症。

（2）男科病：佳蓉片适用于肾阳虚、肾阴阳两虚所致的早泄、阳痿、不育症、前列腺疾病等多种男科病症。

（3）中医辅助生殖 ：佳蓉片可用中医的思维辨证应用于体外受精－胚胎移植中的卵巢反应功能低下、子宫内膜容受性差等的治疗。特别是辨证应用于身体整体调节，尤其是在调节自身卵巢功能，诱导排卵与提高优质卵泡数，改善子宫内膜容受性，提高妊娠成功率与试管婴儿出生率，并有效降低西药的不良反应等方面有一定独特优势。

（4）优生：备孕的男女双方，最好在孕前 3 个月，按照中医的思维辨证应用，科学调理，利于优生。

（5）美容：用于肾阳虚、肾阴阳两虚所致的黄褐斑、面色微黄等。

（6）养生保健：用于肾阳虚、肾阴阳两虚所致的亚健康人群等。

湿热体质的人则不宜应用。

复方阿胶浆

【组成】阿胶、人参、熟地黄、党参、山楂。

【功能主治】补气养血。用于气血两虚，头晕目眩，心悸失眠，食欲不振及白细胞减少症和贫血。

【用法用量】口服。一次 20mL，一日 3 次。

【按语】根据中医“异病同治”“同病异治”的原则，复方阿胶浆适用于气血两虚所致的多科病证。

（1）肿瘤病：用于治疗气血两虚型的多种肿瘤疾病，肿瘤放、化疗的骨髓保护及增效减毒，预防和治疗白细胞减少等，以及气血两虚型的化疗相关性贫血、白细胞降低、血小板降低等。

（2）内科病：气血两虚导致的多种内科病症。

（3）骨科病：气血两虚导致的多种骨科病症，尤其适用于气血两虚型的骨折康复等。

（4）外科病：气血两虚导致的多种外科病症，尤其适用于气血两虚型的疮疡久不收口愈合等。

（5）妇科病：气血两虚所致的不孕症、月经不调、痛经、更年期综合征、性功能障碍、黄褐斑等诸般病症。

（6）男科病：适用于气血两虚所致的早泄、阳痿、不育症、弱精子症、少精子症等多种男科病症。

（7）中医辅助生殖：复方阿胶浆可用中医的思维辨证应用于体外受精－胚胎移植中的卵巢反应功能低下、子宫内膜容受性差等的治疗。特别是辨证应用于身体整体调节，尤其是在调节自身卵巢功能，诱导排卵与提高优质卵泡数，改善子宫内膜容受性，提高妊娠成功率与试管婴儿出生率，并有效降低西药的不良反应等方面有一定独特优势。

（8）优生：备孕的男女双方，最好在孕前 3 个月，按照中医的思维辨证应用，科学调理，利于优生。适用于气血两虚型的备孕阶段的调理。

（9）美容：用于气血两虚所致的黄褐斑、面色微黄等。

（10）养生保健：用于气血两虚所致的亚健康人群等。正气存内，邪不可干；邪气所凑，其气必虚。人在气血两虚的基础上，容易患许多疾病，及时在气血两虚的亚健康阶段科学调理，既可减少疾病的发生，又利于治未病、健康长寿。

（11）其他：气血两虚导致的多科病症。

湿热体质的人不宜应用。饭前服药利于吸收，只要服后没有胃部不适的情况，提倡饭前服药。

龟龄集

【组成】红参、鹿茸、海马、枸杞子、丁香、穿山甲、雀脑、牛膝、锁阳、熟地黄、补骨脂、菟丝子、杜仲、石燕、肉苁蓉、甘草、天冬、淫羊藿、大青盐、砂仁等。

【功能主治】强身补脑，固肾补气，增进食欲。用于肾亏阳弱，记忆减退，夜梦精溢，腰酸腿软，气虚咳嗽，五更泄泻，食欲不振。

【用法用量】口服。一次 0.6g（2 粒），一日 1 次，早饭前 2 小时用淡盐水送服。

【按语】中医最大的特色与优势就是养生，龟龄集是中国现存唯一采用炉鼎升炼技术炼制的养生丹药。龟龄集是 1541 年由明代嘉靖皇帝主持开发的“国家级科研项目成果”，现已列入“国家保密品种”“国家中药保护品种”，2008 年广誉远中医传统制剂方法（龟龄集）列入第一批国家级非物质文化遗产扩展项目名录。延年益寿是龟龄集的主要功效，适用于阳虚导致的多种病症，尤其是肾阳虚导致的多种病症。

阴虚与湿热体质的人不宜应用。

第二十二节　传统运动养生行为

传统运动养生，系指在遵循生命自然规律的基础上，通过中国传统运动方式来疏通经络气血、改善脏腑功能、和畅精神情志、培育元真之气，从而达到调摄身心健康、提高生命质量、延年益寿的方法。它既锻炼外在的肌肉、骨骼以柔筋健骨，又调摄内在的意念与气机以和络宁神，是中华传统文化中独具特色的运动方式，亦是世界独具特色且行之有效的运动方式，融导引、按蹻、武术、医理于一体，具有凝神定志、守一抱元、动静结合、刚柔相济、内外兼修、形神共养等特点与优势。

一、中国传统运动养生的特点

传统运动养生通过意识引导形体运动，并配合呼吸吐纳，使意、气、形三者高度协调一致，具有鲜明的特点。

· 以中医理论指导健身运动；

· 注重意守、调息与动形的协调统一；

· 融导引气功、武术、医理为一体；

· 动静结合、刚柔相济、形神共养。

二、中国传统运动养生的作用

· 疏通经络气血；

· 改善脏腑功能；

· 和畅情志；

· 协调精气神。

三、中国传统运动养生的原则

· 动静结合，运动适度；

· 三因制宜；

· 循序渐进，持之以恒。

四、传统运动养生流派

传统运动养生可分为六大流派：医家养生派、儒家养生派、道家养生派、佛家养生派、武术养生派、民间养生派。

道家养生最精彩。道家的养生思想、养生方法在中国的养生学中，是最为突出也是最为精彩的。道家的主旨就是尊道崇德、贵生全身。因此，道家以及后来的道教在养生、贵生、乐生、长生方面，不仅有独具一格的理论体系，而且有切实可行的操作方法，有秘诀，也有秘法。道家、道教养生博大深邃，真是说不尽，道不完。

五、常用传统运动养生功法

传统的运动养生功法形式多样，种类甚繁，丰富多彩。如气功、太极拳、五禽戏、八段锦、易筋经、养生十六宜等。

（一）气功

气功一词最早见于晋代道士许逊著的《宗教净明录·气功阐微》一书。气功在晋代之前的典籍中，道家称之为“导引”“炼丹”“吐纳”，儒家称之为“正心”“修身”，佛家称之为“止观”“参禅”，医家称之为“摄生”“导引”。在历代医籍中，以“导引”为名者较为普遍，而“气功”一词，则是在近代才广为应用。

气功养生是以调身、调息、调心（神）等方法，使人体营卫气血周流全身，百脉通畅，脏腑调和，身心融为一体，以强身健体、延年益寿为目的的身心锻炼方法。

（二）太极拳

太极拳是我国传统的健身拳之一。由于其动作舒展轻柔，动中有静，圆活连贯，形气相随，外能活动筋骨，内能流通气血，协调脏腑，故不但用于技击、防身，而且更广泛地用于健身防病。

太极拳必须在专业老师的指导下练习，且必须循序渐进，持之以恒。

（三）八段锦

八段锦是中国传统的养生功法。据文献记载，北宋期间八段锦就广泛流传于世，明代以后，在许多养生著作中均可见到关于八段锦功法的记载，如《类修要诀》《遵生八笺》《保生心鉴》《万育仙书》等都收录了这套功法。八段锦流传较广，流派甚多，有“文八段”（坐式）与“武八段”（立式）之分，由于立式八段锦便于群众习练，故流传较广。八段锦功法以脏腑分纲，具有较好调整脏腑机能的功效，清末《新出保身图说·八段锦》将八段锦的功法特点与功效以歌诀形式总结为：“两手托天理三焦，左右开弓似射雕；调理脾胃须单举，五劳七伤往后瞧；摇头摆尾去心火，两手攀足固肾腰；攥拳怒目增气力，背后七颠百病消。”

八段锦必须在专业老师的指导下练习，且必须循序渐进，持之以恒。

（四）五禽戏

五禽戏是古代传统导引养生功法的代表之一，具有悠久的历史。五禽戏是通过模仿五种动物——虎、鹿、熊、猿、鸟的动作编创而成的导引功法。模仿动物的功法早在汉代之前就有，比如《庄子·刻意》中记载“熊经鸟申，为寿而已矣”。1973 年湖南长沙马王堆汉墓出土的 44 幅帛书《导引图》中也有不少模仿动物的姿势，如“龙登……鹞背……熊经”等。东汉时期的华佗对以前的功法进行了系统的总结，并组合成套路，通过口授身传进行传播。五禽戏一开始并没有文字流传，到了南北朝时期，陶弘景在《养性延命录》中用文字记录了下来。随着时间的推移，五禽戏功法辗转传授，逐渐形成了各流派，流传至今。该功法通过模仿不同动物的形态动作与气势，结合意念活动，能起到舒经通络、强健脏腑、灵活肢体关节的功用。

五禽戏必须在专业老师的指导下练习，且必须循序渐进，持之以恒。

（五）易筋经

易筋经是中国传统的养生保健功法之一，相传为印度达摩和尚所创，宋元以前仅流传于少林寺僧众之中，自明清以来日渐流行于民间，且演变为数个流派。“易”者，变易、改变也，“筋”指筋肉、经筋，“经”指规范、方法。易筋经功法重视姿势、呼吸和意念的锻炼，按人体十二经与任督二脉之运行进行练习，气脉流注合度，流畅无滞。通过形体的牵引伸展、抻筋拔骨来锻炼筋骨、筋膜，调节脏腑经络，由变易身形之筋脉肉骨，进而变易全身气血精髓等，以达到强筋健骨、和畅经脉、壮实肌肉、增强体质、充沛精力、延年益寿之目的。

易筋经必须在专业老师的指导下练习，且必须循序渐进，持之以恒。

（六）孙思邈养生十三法（《药王孙思邈道医养生》）

1. 发常梳

将手掌互搓 36 下，令掌心发热，然后由前额开始扫上去，经后脑扫回颈部。早晚各做 10 次。

头部有很多重要的穴位。经常做这个动作，可以明目祛风，防止头痛、耳鸣、白发和脱发。

2. 目常运

（1）合眼，然后用力睁开眼，眼珠打圈，望向左、上、右、下四方；再合眼，然后用力睁开眼，眼珠打圈，望向右、上、左、下四方。重复 3 次。

（2）搓手 36 下，将发热的掌心敷于眼部。

这个动作可以强化视力，纠正近视和弱视。

3. 齿常叩

口微微合上，上下排牙齿互叩，无须太用力，但牙齿互叩时须发出声响。慢慢做 36 下。

这个动作可以疏通上下腭经络，帮助保持头脑清醒，加强肠胃吸收，防止蛀牙和牙床骨退化。

4. 漱玉津（玉津即津液、口水）

（1）口微微合上，将舌头伸出牙齿外，由上面开始，向左慢慢转动，一共转 12 圈，然后将口水吞下去。之后再由上面开始，反方向再做一下。

（2）口微微合上，这次舌头不在牙齿外边，而在口腔里，围绕上下腭转动。左转 12 圈后吞口水，然后再反方向做一次。吞口水时，尽量想象将口水带到下丹田。

从现代科学角度分析，口水含有大量酵素，能调和荷尔蒙分泌，因此经常做这个动作，可以强健肠胃，延年益寿。

5. 耳常鼓

（1）双掌掩耳，用力向内压，然后放手，应该有“扑”的一声。重复做 10 下。

（2）双掌掩耳，将耳朵反折，双手食指压住中指，以食指用力弹后脑风池穴 10 下，“扑扑”有声。

这个动作每天临睡前后做，可以增强记忆力和听力。

6. 面常洗

（1）搓手 36 下，暖手以后上下扫面。

（2）暖手后双手同时向外画圈。

这个动作经常做，可以令脸色红润有光泽，同时不会有皱纹。

7. 头常摇

双手叉腰，闭目，垂下头，缓缓向右扭动，至恢复原位为一次，共做 6 次。反方向重复。

这个动作经常做可以令头脑灵活，防止颈椎增生。不过，注意要慢慢做，否则会头晕。

8. 腰常摆

身体和双手有韵律地摆动。当身体扭向左时，右手在前，左手在后，在前的右手轻轻拍打小腹，在后的左手轻轻拍打“命门”。反方向重复。最少做 50 下，做够 100 下更好。

这个动作可以强化肠胃、固肾气，防止消化不良、胃痛、腰痛。

9. 腹常揉

搓手 36 下，手暖后两手交叉，围绕肚脐顺时针方向揉。当自己的身体是一个时钟。揉的范围由小到大，做 36 下。

这个动作可以帮助消化、吸收、消除腹部鼓胀。

10. 摄谷道（即提肛）

吸气时提肛，即将肛门的肌肉收紧。闭气，维持数秒，直至不能忍受，然后呼气放松。这个动作无论何时都可以练习。最好是每天早晚各做 20 ～ 30 下。

11. 膝常扭

双脚并排，膝部紧贴，人微微下蹲，双手按膝，向左右扭动，各做 20 下。

这个动作可以强化膝头关节，所谓“人老腿先老、肾亏膝先软”。要想延年益寿，先由双脚做起。

12. 常散步

挺直胸膛，轻松地散步。最好心无杂念，尽情欣赏沿途景色。

民间有个说法“饭后走一走，活到九十九”。虽然有点夸张，不过，散步确实是有益的运动。

13. **脚常搓**

（1）右手擦左脚，左手擦右脚。由脚跟向上至脚趾，再向下擦回脚跟为一下。共做 36 下。

（2）两手大拇指轮流擦脚心涌泉穴，共做 100 下。

常做这个动作，可以治失眠、降血压、消除头痛。脚底集中了全身器官的反射区。经常搓脚可以强化各器官，对身体有益。

第二十三节　重视中医健康体检行为

一、中医健康体检

中医健康体检是在中医理论的指导下，运用中医的思维，通过中医望、闻、问、切等全面系统收集机体中医健康资料，四诊合参对人体做全面的、整体的分析，进行中医体质、证候及经络等中医健康状态辨识，可以辨识不同的健康状态，区分不同的中医体质类型、证型、经络部位等，并按照中医特色健康理论，在饮食、起居、情志、运动等方面给体验者提供全方位的中医健康干预指导方案，起到强身健体、防治疾病、益寿延年的作用。中医健康体检就是中医理论与方法在健康体检领域即中医“治未病”领域的应用。

二、中医理论与诊察方法

中医理论涉及阴阳理论、五行理论、整体观念、脏腑辨证论治、六经辨证论治、“治未病”理论、天人相应、形神一体、经络理论、体质理论、藏象理论、审证求因、治病求本、三因制宜、四气五味、扶正祛邪、内伤外感与五运六气等。中医除望、闻、问、切四诊，还包括耳诊、手诊、足诊、眼诊、腹诊、背诊及全息诊等多种中医诊察方法，通过收集体检者各种早期症状、体征及舌脉等信息进行中医体质辨识、证候辨识、经络辨识等，对异常体质、证候给予早期中医干预。

中医体质辨识与体质调理、证候辨识与辨证调理、经络辨识与经络调理有机组合、互参互补，共同成为中医体检“治未病”的法宝。

三、中医健康体检的优势与特色

1. 查出西医健康体检所不能查出的亚健康状态

1948 年，WHO 在其宪章中明确阐明了健康新概念：“健康不仅是没有疾病和虚弱现象，而且是一种躯体、心理和社会适应方面的完好状态”。这个科学的定义不仅从生理学上，而且从心理学与社会学上界定了健康的含义。可见健康概念大大超出了无病的范畴，同时兼顾了人的自然属性与社会属性。

“亚健康”状态系指人的机体虽然无明确的疾病，却呈现活力降低、适应能力减退的一种生理状态，它是由机体各系统的生理功能与代谢过程低下所导致的介于健康与疾病之间的一种状态，也有人称之为“第三状态”或“灰色状态”。患者仅感到身体或精神上的不适，如疲劳无力、精神不安、胸闷、头痛、失眠、食欲不佳等，但经各种仪器与化验检查均没有查到阳性结果。“亚健康”状态的范畴非常广泛，躯体上、心理上的不适应感觉在相当长时期内难以确诊是哪种病症的，均可概括其中，如衰老、神经衰弱、疲劳综合征、更年期综合征及重病、慢病的恢复期等。“亚健康”状态极有可能发展成为多种疾病，对其深入研究是一个极其重要的跨世纪医学课题。

“亚临床”状态又称“无症状疾病”，与“亚健康”状态相比，其虽然没有临床症状和体征，但存在生理性代偿或病理性改变的临床检测证据，如“无症状性缺血性心脏病”，可以无临床症状，但有心电图改变等客观依据。

据 WHO 一项全球性的调查结果表明，全世界处于“亚健康”状态的人占 75%，诊断为有病的人占 20%，而真正健康的人只占 5%。为此，预防并消除“亚健康”状态，就成为一项极其重要的预防性的健康策略。

“亚健康”状态是一个动态过程，如不加重视，就会发展成疾病，若积极采取各种养生保健措施，也可向健康状态变化。

中医健康体检的优势在于，采用中医的思维，通过中医师的望、闻、问、切，让西医不易发现的“亚健康”状态显形。

现代医学的健康体检仪器先进，中医健康体检仅靠望、闻、问、切等，但中医望、闻、问、切历史悠久，经得起历史的考验，至今仍广泛应用，且在慢性病发病前期与早期，中医健康体检更具优势。以恶性肿瘤（癌症）为例，一般是因为免疫力处于严重低下状态，中医认为是在严重正气不足的状态下，过多的致癌毒素长期作用于机体而形成癌前病变，进而诱发基因突变，形成癌细胞，癌细胞进一步扩增形成瘤灶、局部浸润，一直到转移扩散、五脏衰败，整个发病过程需要几年、十几年，乃至几十年。目前西医健康体检采用的影像学只能发现直径 1cm 以上的肿瘤，而 1 个癌细胞增殖到 1cm 平均需要 10 年左右，这 10 年期间大多患者瘤灶不会出现明显症状。多数人是在体检时或在有症状时才发现癌症，才给予重视及干预，此时疾病已到中晚期，即使采取措施疗效也多不理想，治标不治本。如果早期接受中医健康体检与采用中医养生防病方法，那么，就有可能让这部分人不得癌症。当然，中医健康体检的优势，不是发现肿瘤，而是通过中医健康体检及时发现体质、经络及证候等异常情况，采用中医的思维和中医养生调理方法，进行早期干预调理，预防癌细胞形成及进展。中医的养生调摄方法是真正意义上的“治未病”，是以健康为中心的健康管理最高境界，而不是以疾病为中心来指导体检。其他如慢性阻塞性肺疾病、慢性肾病、心脑血管疾病、糖尿病等众多慢性病的发病也是一个漫长的过程，同样需要采用中医健康体检，运用中医养生防病方法进行前期预防和早期干预。总之，中医健康体检的优势是早期预防疾病（治未病），现代医学健康体检的优势是早期发现疾病。

2. 未病先防

中医体检能较早发现西医所不能查出的“亚健康”状态等，及时采用中医的思维，科学调摄，未病先防。这正是中医“治未病”的特色与优势。中医非常重视未病先防的原则，“治未病”的学术思想最早起源于两千多年前，《素问·四气调神论》载：“是故圣人不治已病治未病，不治已乱治未乱，此之谓也。夫病已成而后药之，乱已成而后治之，譬犹渴而穿井，斗而铸锥，不亦晚乎！”。中医“治未病”理论包括以下内容：未病养生，防病于先；欲病救萌，防微杜渐；已病早治，防其传变；瘥后调摄，防其复发。

中医健康体检是“治未病”的首要环节，发挥着预防疾病的重要作用。疾病形成是多种致病因素长期积累的过程，一旦被现代医学健康体检确诊，病情往往已发展到中晚期。一般而言，在疾病形成之前，西医健康体检指标多在正常范围或属良性增生，其得到的建议多是临床观察，这种思维方法势必导致疾病进展，乃至达到无法治疗的地步。若采用中医健康体检，一般会发现异常，就会及时给体检者提供一个中医的体检意见与中医特色调摄方案，将疾病消灭在萌芽之中。

可见，中医健康体检的优势在于可以通过中医师的望、闻、问、切等，让西医不易发现的“亚健康”状态显形，然后进行辨证施治。中医健康体检不仅能在躯体器质性疾病上给予辨证论治与调摄，而且其优势体现在对“未病”的亚健康状态的干预指导。

四、医圣张仲景六经辨证体检与调摄的优势与特色

医圣张仲景独创六经辨证。只有六经通百病，百病不离六条经。人体六经各有其功能，生病自然就会发生相应的症状。采用中医的思维，通过四诊合参，了解体检者或患者的身体信息，综合分析后，用六经进行辨证，提出预防调摄与治疗方药。四诊合参中要特别重视问诊，有时舍脉从症，有时舍症从脉。只要从六经大道上去寻找预防和治疗方药，多较令人满意，切忌脱离六经去寻找防治疾病的方法。

五、中医调摄优势与特色

通过中医规范体检得出体检结论，运用中医的思维进行科学调摄。在中医养生中，健康调摄的方法可谓是丰富多彩，包括中药调治法、中医外治法、顺时养生调理法、中医情志调理法（中医心理调理法）、中医食疗调理法、中医推拿调理法、按摩法、针灸法、药浴法、火疗法、蜡疗法、五音疗法，尤其是中医传统运动疗法（气功、八段锦、五禽戏、太极拳等）等中医特色疗法，辨证灵活运用，均可起到防治疾病、延年益寿的作用。

养生是中医的特色与优势，因此，建议大家不要只重视健康体检，更要高度重视中医养生。采用中医的思维科学养生，身心健康，健康长寿，少得病，不得病才是聪明人的选择，才是我们追求的目标。

3

第三章

健康生活 预防伤害

第一节　道路交通伤害

（1）驾车或乘车时要系好安全带；儿童应使用安全座椅，且安全座椅应安装在后排左侧（司机后方位置），严禁儿童单独或由家长抱着坐在副驾驶的位置。

（2）不超速驾驶。

（3）驾驶摩托车时要戴头盔，系好带子，决不能简单地将头盔扣在头上。购买头盔时，应选择符合标准、适合自己头部大小、颜色鲜明的头盔。

（4）酒后不开车，且要劝阻喝了酒的亲友不开车。

（5）禁止无证驾驶与疲劳驾驶。

（6）注重车辆的及时维护保养。

（7）注意步行安全，遵守交通规则，增加自己的可视性（如佩戴反光材料等）。

马路上的车辆越来越多，每年因为交通事故受伤或死亡的人数也越来越多。因此，在马路上行走时，一定要遵守道路交通法规，认识交通标志，应在右侧人行道上行走；过马路要走人行横道线，不闯红灯，不在马路上追逐打闹。

第二节　溺水

一、预防儿童溺水

（1）5 岁以下儿童的家长或看护人应做到：

决不能将儿童单独留在浴缸或浴盆里，或待在开放的水源边，不能将儿童独自留在浴室内与卫生间内。

不论儿童在家里、室外或其他地点的水中或水旁，家长和儿童的距离一定要伸手可及，专心看管，不能分心，比如聊天、打电话、做家务等。

儿童一定应由成人监管，不能把 5 岁以下的儿童交给未成年人看护。

带儿童在设有专职救生员的公共游泳场所游泳，救生员可提供救援与复苏急救，可减少游泳儿童发生溺水的危险。

在儿童嬉水、乘船、学习游泳时，家长应为儿童准备合格的漂浮设备，比如救生衣等。

建筑工地等，在地上挖的坑也应该将雨水排尽或及时填上以防积水。

浴桶及浴池在没有使用的时候应将水放尽。

（2）不去江、河、池塘等开放性水域中游泳、捉鱼，或在旁边玩耍、打闹；即使在游泳池，也不能单独游泳，决不能在无成人监管时游泳。

（3）避免在不知深浅的水中潜水或跳水。

（4）掌握施救溺水同伴的技巧，当同伴落水，应在大声呼救的同时，应用树枝或木棍等施救，不能盲目下水以免造成更多的伤亡。

二、游泳注意事项

除应注意上述事项外，游泳时还应注意以下事项：

患有心脏病、高血压、肺结核、中耳炎、皮肤病、严重沙眼与各种传染病的人不宜游泳，处在月经期的女性也不宜游泳。

慎重选择游泳场所，不在水下情况不明的地方游泳。

下水前要做适当的准备活动。

饱食或者饥饿时、剧烈运动与繁重劳动后不要游泳。

要选择合适的时间游泳，且游泳的时间不能太久，否则容易过度疲劳，发生事故的可能性就会增加。最好不要在夜晚游泳，天黑视线不好，人的反应能力也会降低，容易发生危险。

第三节　急性酒精中毒

急性酒精中毒俗称醉酒，一次饮用大量的酒，会对中枢神经系统产生先兴奋后抑制的作用，重度酒精中毒可使呼吸、心跳抑制而死亡。

第四节　一氧化碳中毒

一氧化碳是一种无色、无味、几乎不溶于水的气体，当空气中一氧化碳含量达到0.05%时就会引起中毒，中毒是因为一氧化碳经呼吸道吸入后，立即与血红蛋白结合形成碳氧血红蛋白，碳氧血红蛋白不仅不能携带氧，而且还会影响氧合血红蛋白的解离，阻碍氧的释放和传递，导致低氧血症，引起组织缺氧。一氧化碳中毒时，常有头痛、头晕、四肢无力、全身不适，嘴唇、皮肤与指甲呈樱桃红色，甚至恶心、呕吐等症状，中毒严重者可能出现呼吸困难、昏迷、血压下降，甚至死亡。急性一氧化碳中毒可发生于生活中，也可发生于生产中。

一、生活中一氧化碳中毒的预防

（1）家庭生活中煤炭要烧尽，不要闷盖，煤炉要安装烟筒，烟囱必须经常清理，保持通畅，设置小通气窗、风斗等。窗户适时通风，尤其在冬季阴天或雨雪天气，煤燃烧不完全，加上室外气压低，室内的一氧化碳不易排出。因此，在家中一定要采取防范措施，以免发现意外。

（2）使用天然气热水器时，不要密闭房间，要保持良好的通风，洗浴时间切勿过长。应勤检查及时检修，防止管道老化、跑气、漏气。不用时应关好阀门。不使用淘汰热水器；不使用超期服役热水器。安装热水器最好请专业人士安装，不得自行安装、拆除、改装燃具。

（3）使用管道煤气时，应勤检查及时检修，防止管道老化、跑气、漏气。不用时应关好阀门。烧煮时防止火焰被扑灭，导致煤气溢出。使用煤气或液化气的家庭最好安装一氧化碳报警器。一氧化碳报警器是专门用来检测空气中一氧化碳浓度的装置，能在一氧化碳浓度超标的时候及时地报警，有的还可以强行打开窗户或排气扇，使人们远离一氧化碳的侵害。

（4）开车时，不要让发动机长时间空转；车在停驶时，不要过久地开放空调机；即使是在行驶中，也应经常打开车窗，让车内外空气产生对流。感觉不适即停车休息；驾驶或乘坐空调车如感到头晕、发沉、四肢无力时，应及时开窗呼吸新鲜空气。

二、职业性一氧化碳中毒的预防

（1）农业生产中的一氧化碳中毒。多为生产中燃煤所致，如大棚内种植农作物时燃煤火取暖，棚内空间狭小，空气流通不畅，可造成一氧化碳中毒。因此，在进入这样的大棚时，应先对流通风一定时间后再进入，且大棚外必须有人员观察棚内情况，与大棚内人员始终保持联系畅通。

（2）工业生产中的一氧化碳中毒。多为接触一氧化碳的工人在工作中中毒，以一氧化碳为原料的工厂，如甲醇、甲醛、光及氨气等的合成；以一氧化碳为废气排放的工厂，如焦炭厂、冶炼厂、耐火材料厂、陶瓷制造厂；以及以一氧化碳作为产品的工厂。这些行业中如果出现设备破损、工人未按规章制度操作、工作中麻痹大意皆可发生一氧化碳中毒。因此，这些行业一定要及时进行设备检修，工人一定要按规章制度规范操作，工厂厂房设置应符合有关规定。

（3）井下作业中的一氧化碳中毒。井下采煤、坑道作业发生一氧化碳中毒也是经常见到的。因此，井下作业必须严格遵守操作规程，定期检查生产设备。

（4）内燃机废气引起的一氧化碳中毒。汽车、轮船、飞机的内燃机在工作中会排放废气，其中含有一氧化碳，若在较狭小的地方有较多的汽车同时启动发动机，环境通风差，一氧化碳浓度增高，可以达到致人中毒的浓度，另外制动的汽车点燃发动机与车内空调，时间过长也可发生一氧化碳中毒。因此，在这些情况下，应注意通风，按规章制度规范操作。

三、煤气中毒事故现场处置的程序

若发生煤气泄漏或煤气中毒时，救护者应以俯身姿态进入房间，立即打开门窗通风，将中毒者尽快转移到空气新鲜、通风良好的地方。

尽快关闭燃气总开关，迅速疏散人员。

到室外拨打报修或急救电话。现场一定严禁用明火检查与开关室内任何电器，以防产生的电火花引发煤气燃爆。

四、对煤气中毒者实施现场急救的方法

对煤气中毒程度较轻者：将其转移到空气流通的地方，解开其衣领与腰带，休息 2 ～ 3 个小时，并适量饮用浓茶。

对煤气中毒程度较重者：应将其头部偏向一侧，以防呕吐物误吸入肺里导致窒息，并迅速将中毒者送医院抢救。若发现中毒者呼吸微弱甚至停止，应立即进行人工呼吸，坚持 2 个小时以上。若中毒者心跳、呼吸均已停止，应立即同时进行胸外心脏按压与人工呼吸。

第五节　怎样预防中暑

1. 出行躲避烈日

夏日出门要备好防晒用具，且最好不要在 10:00 － 16:00 在烈日下行走，因为这个时间段的阳光最为强烈，发生中暑的可能性是其他时间段的 10 倍。

2. 适量饮水

不要等到口渴了才喝水。因为当感觉到口渴时，就表示身体已经缺水了。最理想的是根据气温的高低，每天喝 1.5 ～ 2L 水，最好的饮料是白开水。出汗较多时应适当补充一些淡盐水，以弥补人体因出汗而失去的盐分。

3. 合理膳食

要合理膳食，营养均衡。夏天可适量食用含水量较高的蔬菜与水果，比如黄瓜、西红柿、桃子、杏、西瓜、甜瓜等，均可以用来补充水分。

4. 保持充足睡眠

夏天日长夜短，气温高，人体新陈代谢旺盛，消耗大，容易感到疲劳，保持充足的睡眠，可使大脑与身体各系统均得到放松，既利于学习工作，也是预防中暑的措施。

第六节　安全用电

电在现代生活中的应用越来越广，如果不懂得安全用电知识，会造成触电身亡、

火灾、电器损坏等极为严重的后果，因此，要高度重视家庭安全用电须知。

（1）不要超负荷用电，若用电负荷超过规定容量，应及时到供电部门申请增容；空调、烤箱等大容量用电设备应使用专用线路。

（2）要选用合格的电器，不要贪便宜购买假冒伪劣电器、电线、线槽（管）、开关、插头、插座、手机充电器等。

（3）安装、修理电器用具一定要找专业的单位与专业技术人员。

（4）对规定使用接地的用电器具的金属外壳要按规定做好接地保护，不要忘记给三眼插座、插座盒安装接地线；不要随意将三眼插头改为两眼插头。

（5）要选用与电线负荷相适应的合格熔断丝，不要任意加粗熔断丝，严禁用铜丝、铁丝、铝丝代替熔断丝。

（6）不要用湿手、湿布擦带电的灯头、开关与插座等。

（7）漏电保护开关应安装在无腐蚀性气体、无爆炸危险品的场所，且要定期对漏电保护开关进行灵敏性检验。

（8）晒衣架要与电力线保持安全距离，绝不要将晒衣竿搁在电线上。

（9）要将电视机室外天线安装得牢固可靠，且不要高出附近的避雷针或靠近高压线。

（10）不要乱拉乱接电线。

（11）在更换熔断丝、拆修电器或移动电器设备时必须切断电源，绝不要冒险带电操作。

（12）使用电熨斗、电吹风、电炉等家用电热器时，人一定不要离开。

（13）若发现电器设备冒烟或闻到异味时，要迅速切断电源进行检查。

（14）电加热设备上不能烘烤衣物。

（15）要爱护电力设施，不要在架空电线与配电变压器附近放风筝。

（16）青少年应学习安全用电知识，并应在家长或老师的陪同指导下安全用电。

第七节　冻伤

因寒冷引起的局部组织损伤称为冻伤。发生冻伤的直接原因是寒冷，若在寒冷的环境中保暖措施不足，导致局部温度降至冰点以下，就会发生冻伤。因此，在寒冷季节应穿适当保暖的衣服，在特别寒冷的恶劣环境下尽量不要外出。若一旦发现冻伤要找专业医生处理。

第八节　烫伤

在日常生活中要注意防止烫伤，一旦发生烫伤应采取如下措施：

对只有轻微红肿的轻度烫伤，可酌情用冷水冲洗。

烫伤部位已经起小水泡的，不要弄破它，应请专业医生处理。

烫伤比较严重的，应及时送医院诊治，并要注意：烫伤面积较大的，应尽快脱去衣裤、鞋袜，但不要强行撕脱，必要时可将衣物剪开，且要特别注意烫伤部位的清洁，不能随意涂擦外用药品或代用品。

第九节　毒蛇咬伤

野外旅游碰到毒蛇的机会多，被毒蛇咬伤的可能性大。被毒蛇咬伤后，首先要判断蛇是否有毒。毒蛇与无毒蛇最根本的区别是：毒蛇的牙痕为单排，无毒蛇的牙痕为双排。蛇毒在 3 ~ 5 分钟即被人体吸收，因此，急救越早越好，并迅速（越快越好）采取下列措施：

结扎，对受伤肢体近心端过关节结扎，阻断静脉与淋巴回流，每 15 ~ 20 分钟放松 30 秒，至伤口彻底清除完成。

受伤肢体应停止活动、保持下垂，并尽快采取冷敷以减少毒素的吸收速度，降低毒素中酶的活力。

伤口处理：咬伤 24 小时以内者，以牙痕为中心切开伤口成“+”或“++”形，使毒液流出，也可酌情采用吸奶器或拔火罐等吸出毒液，最好不要用口吸。切口不宜过深，以免损伤血管。如果有蛇牙残留宜立即取出。切开或吸吮应尽早进行，否则效果不明显。之后先用肥皂水与清水反复清洗周围皮肤，若有条件再用生理盐水或 0.1% 高锰酸钾溶液冲洗伤口。

处理后迅速到医院接受正规治疗。

青少年要在家长或老师的陪同下外出旅游，并注意旅游安全。

第十节　虫咬伤

1. 蜂蜇伤

蜂蜇伤一般只表现为局部红肿疼痛，多无全身症状，数小时后即可自行消退。但如果是被蜂群蜇伤，可出现如头晕、恶心、呕吐等，严重者可出现休克、昏迷或死亡。过敏者则易出现荨麻疹、水肿、哮喘或过敏性休克。若被蜜蜂蜇伤，应首先拔除残留毒刺，之后用肥皂水、3% 氨水或者 5% ~ 10% 碳酸氢钠溶液、盐水清洗伤口（因其毒液为酸性），以中和毒液；若被黄蜂蜇伤，则宜用食醋水冲洗伤口（因其毒液为碱性）。全身症状较重者应尽快送到医院治疗。

2. 蜈蚣咬伤

蜈蚣咬伤部位一般会出现红肿、痛、痒等，有的会出现头痛、发热、眩晕、恶心、呕吐，甚至说胡话、抽搐、昏迷等全身症状。应立即用弱碱性溶液（比如肥皂水、稀石灰水等）洗涤与冷敷，或用 3% 氨水或 5% ~ 10% 碳酸氢钠溶液冲洗，以消肿止痛。有全身症状者应尽快送到医院治疗。

3. 其他

在日常生活中，蝎蜇伤与毒蜘蛛咬伤也是常见的。蝎蜇伤局部可见大片红肿、剧痛，重者可出现寒战、发热、恶心、呕吐、舌与肌肉强直、流涎、头痛、昏睡、盗汗、呼吸增快与脉搏细弱等症状，严重者可因呼吸衰竭而死亡。毒蜘蛛咬伤者可见局部苍白发红或出现荨麻疹，重者可发生局部组织坏死或全身症状。其处理原则和毒蛇咬伤相同，应尽快送到医院治疗。

青少年应学习了解有关虫咬伤的科学知识，并尽量远离这些虫类。

第十一节　眼外伤

（1）不要购买弹射性（如箭、弹弓等）和具潜在危险性（如带刃、易碎材料制成）的玩具。

（2）酌情在一些有棱有角的物品上加上软垫，以免宝宝走路不稳摔倒而让锐角刺伤眼球。

（3）在使用洗涤剂（如洗发水、沐浴露等）时，注意不要溅进眼睛。

（4）尽量不要玩、逗猫、狗等宠物，以免被宠物抓伤眼睛。

（5）远离爆竹，更不要让小孩子自行燃放鞭炮、手拾燃烧后的鞭炮。

（6）避免靠近开水、热油、火苗，以免眼睛受伤。

（7）不要在阳光较强的雪地上玩耍或观看电焊火花。

（8）医疗机构应加强一次性注射器的管理，严禁流入社会，尤其是学校。

一旦发生眼外伤，应立即到医院急诊，不要自己随意处理。

第十二节　雷击的预防

夏天是雷雨多发的季节，应随时关注天气变化，学会避雷措施。

（1）雷雨来临时，尽量在室内躲避。

（2）若在野外，不要在孤立的大树下和地势高的山丘处停留。

（3）若在车内，应收起天线，紧闭车窗。

（4）不要在水面停留，游泳者、划船者应尽快上岸。

（5）未装避雷器的室外天线应拔去插头。

第十三节　跌倒 / 坠落

一、科学预防儿童跌倒 / 坠落

（1）婴儿床、椅子、大床、沙发与其他儿童可以爬上去的装置应远离窗户与阳台。

（2）防护栏应选择竖向排列、间距不大于 10cm 的栏杆，避免使用横向栏杆，以免儿童攀爬。

（3）将住宅内所有的窗户均安装上儿童不能打开的护栏，但护栏应有开关，以保证遇到紧急情况时可以逃生。

（4）排除家里的危险因素，如起褶的地毯、地板上的电线与其他连线（网线等）；不让孩子在湿地板上行走。

（5）若孩子头部受伤，导致意识不清，要立即叫救护车。同时，应将意识不清的孩子侧卧，手放在头下，这种姿势有助于减少舌头向咽喉部的滑落，预防舌头影响呼吸。若可能有骨折，不要移动跌倒的儿童。

二、科学预防老年人跌倒

（1）坚持参加规律科学的体育锻炼，以增强肌肉力量、柔韧性、协调性、平衡能力、步态稳定性与灵活性。

（2）选择适当的辅助工具，应用长度合适、顶部面积较大的拐杖。将拐杖、助行器与经常使用的物件等放在触手可及的地方。

（3）熟悉生活环境，如厕所位置、道路是否平坦、遇紧急情况哪里可以获得帮助等。

（4）调整不健康的生活方式

· 避免走过陡的楼梯或台阶，上下楼梯与如厕时尽可能使用扶手。

· 转身、转头时动作一定要慢。

· 避免去人多湿滑的地方。

· 走路保持步态平稳，尽量慢走，并应避免携带沉重物品。

· 乘坐交通工具时，应等车辆停稳后再上去。

· 晚上床边尽量放置小便器。

· 要放慢起身、下床的速度，避免睡前饮水过多以致夜间多次起床。

· 避免在他人看不到的地方独自活动等。

（5）衣服要舒适，尽量穿着合身的宽松衣服。尤其鞋子要合适，这一点非常重要，尽量避免穿高跟鞋、拖鞋、鞋底过于柔软的鞋，特别提醒的是，不要穿鞋底太滑的鞋。

（6）加强膳食营养，保持均衡的饮食，适当补充维生素 D 与钙剂。

（7）定期检查视力，有视力障碍的老年人应及时佩戴合适的眼镜。

第十四节　防范网络安全风险

一、个人信息保护

个人信息系指以电子或者其他方式记录的能够单独或者与其他信息结合识别自然人个人身份的信息，包括但不限于自然人的姓名、身份证件号码、出生日期、个人生物识别信息、住址、电话号码等。

可能泄露个人信息的行为有：网上星座性格测试、随手乱丢快递单、分享送流量、抢红包输入个人信息、微博发帖、朋友圈分享旅行信息、晒图、允许陌生人查看社交网络个人档案、允许陌生人查看朋友圈图片、机构数据泄露等。

防范措施：

（1）快递单应完全撕碎，或者涂抹掉个人重要信息后再丢弃。

（2）非官方产品或值得信任的业务活动，不随意分享。

（3）不要随意在网上填写个人信息。

（4）拍照时关闭全球定位系统（GPS），谨慎发布图片属性中的位置相关信息与截屏图。

（5）凡是要求输入个人信息领取的均是假红包，不要轻信。

（6）社交网络要设置访问规则，限制访问范围。

二、假冒热点

目前，家用无线宽带路由器已经非常普及，不仅连接方便快速，而且节省手机流量，因此，深受移动设备用户青睐。然而，受无线信号传输距离的限制，一般公共场合通常会使用多个接入热点提供区域信号覆盖。故假冒热点窃取连接热点用户信息的不法犯罪情形极为常见。

一台笔记本电脑、一套网络包分析软件、一块无线网卡、一根天线就可以伪造一个 Wi-Fi 热点网络，而且成本非常低，技术要求也不高，攻击者利用人们想节省流量费的心理，架设假冒的 Wi-Fi 热点，进行窃取数据、注入恶意软件、下载有害内容等侵害行为，各种银行卡、账户等均可能因此而泄露密码。

防范措施：

（1）仔细辨认真伪。向公共场合 Wi-Fi 提供方确认热点名称与密码；无须密码就可以访问的 Wi-Fi 密码风险较高，应尽量不使用。

（2）关闭 Wi-Fi 自动连接。Wi-Fi 自动连接要关闭。

（3）重要业务不应用。不使用公共 Wi–Fi 进行网上银行转账、购物等操作，避免登录账户与输入个人敏感信息。

（4）注意安全加固。为 Wi-Fi 路由器设置强口令与开启 WPA2（第 2 版 Wi-Fi 保护访问）是有效的 Wi-Fi 安全设置。

（5）运行安全扫描。安装安全软件。

三、钓鱼网站

钓鱼网站系一种网络欺诈行为，指不法分子仿冒真实网站地址和页面内容，或者利用真实网站漏洞在某些网页中插入危险代码，以此来窃取用户银行或信用卡账号、密码等私人资料。

不法分子常以“幸运观众”“公司周年庆”、征婚交友、低价机票、电话充值等为诱饵，诱骗用户填写身份证号码、银行账户等信息，或者模仿支付宝、网上银行等网站，窃取用户的账号与密码等信息。

防范措施：

（1）注意观察。留意网站的内容、配色、链接等细微之处，一些制作粗糙的钓鱼网站会存在明显的问题，但对于攻击者完整克隆网站的钓鱼方式则不适用。

（2）安全标志。支付相关的网站一般以 https 开头，在网络地址栏会有彩色图标或锁头图标，可点击查看网站被权威机构认证的信息。

（3）注意提示。对于已经被举报加入黑名单的网站，安全浏览器会提示“危险网站”。

（4）学会悬停。不要盲目相信搜索引擎的推荐，不乱点击微信、邮件、微博、短信中的网址，特别是短网址。

（5）细辨网址。正规网站的网址一般会与网址名称或网址主题相关，而钓鱼网站的网址一般比较随意。

四、恶意二维码

二维码系在平面上使用若干个与二进制数字 0 或 1 相对应的图形来表示数据信息的几何形体，其角落上的三个方块用于二维码扫描设备进行定位。目前二维码大量应用于支付、信息获取、优惠促销、广告推送、防伪等场合。

不法分子先将病毒或木马挂在网上，得到网址。再利用二维码生成软件，将网址转换成二维码。通过多种途径传播恶意二维码，使用煽动性的话语诱骗用户扫描，下载与安装木马。

防范措施：

（1）注意来源。不扫描来源不明的二维码。

（2）分辨真假。警惕在正确二维码上方覆盖的假二维码。

（3）安全扫描。利用手机安全工具提供的二维码安全监测软件，协助鉴别是否是恶意网址，背后是否有恶意软件。

五、电信诈骗

电信诈骗系指犯罪分子通过电话、网络或短信，编造虚假信息，设置骗局，对受害人实施远程、非接触式诈骗，诱使受害人给犯罪分子打款或转账的犯罪行为。

防范措施：

（1）“双十一”购物季、暑期升学季、开学季诈骗居多，遇事要多思考，多询问。

（2）不通过自动柜员机（ATM）向陌生人转账。

（3）留心来电口音与号码归属地，170、171 号段属于虚拟运营商，被诈骗分子大量利用。

（4）发生诈骗后，要第一时间拨打 110 报警，说明嫌疑人与受害人银行卡号，通过紧急止付，在最大限度上保护被骗的资金。

六、口令安全

口令俗称密码，系人们向电脑等电子设备或网站等软件系统证明自己身份的一串字符。

不法分子可能通过口令破解软件或用户个人信息构造可能口令列表及键盘记录器等方式窃取口令。

防范措施：

（1）应避免使用弱（简单）口令，设置强（复杂）口令。

（2）口令最好有至少 8 个字符，包含大写和小写字母，包含至少一个特殊字符，包含至少一个数字，应用软件来帮助管理口令，不同网站设置不同的用户名、口令。

网络安全风险无时不有、无处不在，要加强防范，注意辨别，提高网络安全意识，尤其要经常关注、学习官方发布的防范网络安全风险的有关知识，掌握日常网络风险防范的常识与方法，达到远离风险、免受其害之目的。

4

第四章

健康生活
预防疾病

第一节　超重与肥胖

1. 肥胖是怎么回事

肥胖是一种疾病。18 岁以上成年人体重指数（BMI）<18.5 为体重过低，18.5 ～ 23.9 为适宜体重，24.0 ～ 27.9 为超重，≥ 28 为肥胖。体重指数（BMI）= 体重（kg）÷ 身高（m）的平方（kg/m^2）。

脂肪主要在腹壁与腹腔内蓄积过多的，称为中心型肥胖。中心型肥胖是多种慢性病的最重要危险因素之一。判断成年人中心型肥胖的标准是男性腰围≥ 85cm，女性腰围≥ 80cm。因此，要定期测量体重、身高，了解自身 BMI 指数；定期测量腰围。

腰围测量方法：直立，两脚分开与肩同宽，用没有弹性、最小刻度为 1mm 的软尺放在右侧腋中线胯骨上缘与第十二肋骨下缘连线的中点（通常是腰部的天然最窄部位），沿水平方向围绕腹部一周，紧贴而不压迫皮肤，在正常呼气末测量腰围。

2. 怎样预防肥胖

肥胖可增加高血压、糖尿病、血脂异常、冠心病、动脉粥样硬化、缺血型卒中、消化系统癌症、内分泌及代谢紊乱、胆结石、脂肪肝、骨关节病及痛风的患病风险。遗传基因对肥胖的发生有一定的作用，更重要的是环境因素，尤其是不健康生活方式的影响。

（1）成人肥胖的预防：

· 合理饮食。

· 适量运动。

· 定期进行自我监测，经常测量体重、腰围。

· 坚持母乳喂养与合理营养，预防妇女产后肥胖。

老年人应防止体重持续增长，但不要过分强调减重。

（2）儿童肥胖的预防：

· 孕妇妊娠后期应适当减少摄入脂肪类食物，防止胎儿体重增加过快。

· 要定期监测儿童体重，以免儿童发生肥胖。

· 家长应克服“肥胖是喂养得法，越胖越健康”的旧观念。

· 合理饮食。

· 适量运动。

3. 超重者与肥胖者应通过控制饮食与积极运动控制体重

肥胖是能量摄入超过能量消耗以致体内脂肪过多蓄积的结果。适量控制饮食，减少摄入的总能量是减重最重要的基础治疗。积极适量运动可使身体的代谢率增加，能更多地消耗体内多余的脂肪，是控制体重必不可少的重要手段。

（1）适量控制饮食。

超重者、肥胖者应使每天膳食中的能量比原来酌情减少约 1/3。

限制与减少能量摄入应以减少脂肪为主，且应避免吃油腻食物与过多零食，适量增加新鲜蔬菜及水果在膳食中的比重。

限制饮酒，每克酒精可提供 7kcal 能量。

要合理膳食，避免过度节食，防止产生神经性厌食症或在暴饮暴食后自行引吐等心理、行为障碍。

（2）积极适量运动。

以减肥为目的的运动时间应比一般健身时间长，且每天应累计活动 30 ～ 60 分钟以上，每次活动时间最好不少于 10 分钟。

肥胖者可根据减轻体重的需要，咨询专业人员制定个体化运动方案。

肥胖者体重负荷大，耐热性差，应特别注意避免运动损伤，且要循序渐进，适量运动。肥胖者要长期坚持减重计划，速度不宜过快，若减重速度过快，不利于减重后的长期维持，且体重的急剧变化会对健康产生不良影响，比如导致骨关节病、胆囊疾患、骨质疏松等。

第二节　血脂异常

1. 血脂异常是怎么回事

血脂异常（又称高脂血症）是指血脂水平超出了正常范围，主要有以下几种类型：血清中总胆固醇（TC）水平过高，低密度脂蛋白胆固醇（LDL-C）水平过高，高密度脂蛋白胆固醇（HDL-C）水平过低，甘油三酯（TG）水平过高。

2. 多长时间测量一次血脂

为减少心脑血管疾病的发生，应定期测量血脂：

（1）20 岁以上的成年人至少每 5 年测量一次空腹血脂，包括总胆固醇、低密度脂蛋白胆固醇、高密度脂蛋白胆固醇与甘油三酯。

（2）缺血性心血管病及高危人群，应每 3 ～ 6 个月测量一次血脂。

（3）下列人群为血脂检查的重点对象：

· 已有冠心病、脑血管病或周围动脉粥样硬化病者。

· 高血压、糖尿病、肥胖、吸烟者。

· 有冠心病或动脉粥样硬化病家族史者，特别是直系亲属中有早发冠心病或其他动脉粥样硬化性疾病者。

· 有家族性高脂血症者。

· 有皮肤黄色瘤者。

3. 怎样预防高血脂

控制饮食与改善生活方式是血脂异常治疗的基础措施，对多数血脂异常者能起到与降脂药相似的治疗效果，有效控制血脂可以有效预防并减少心脑血管疾病的发生。因此，无论是否进行药物调脂治疗，均必须坚持控制饮食与改善生活方式。

（1）少吃饱和脂肪酸与胆固醇含量高的食物。

· 少吃脂肪含量较高的动物性食品，可代之以鱼肉、鸡肉、瘦肉等，每人每日摄入不超过 2 两。

· 少吃油炸类食品。

· 少吃植物奶油糕点与其他甜食（如冰激凌、雪糕等）。

· 做菜时，尽量使用植物油，不使用棕榈油、猪油、黄油、奶油等。

· 适量选择能够降低低密度脂蛋白胆固醇的食物；适当增加大豆类食品的摄入，增加富含膳食纤维的新鲜蔬菜的摄入。

（2）减轻体重。

（3）适量运动。

（4）戒烟限酒。

（5）及时就医，遵医嘱服药，定期复查。

第三节　高血压

1. 高血压是怎么回事

高血压是导致心脏病、脑血管病、肾脏病发生和死亡的最主要的危险因素。早期高血压通常无症状，定期监测血压有助于了解血压水平，早期发现。在未使用抗高血压药的情况下，非同日三次测量，收缩压均≥ 140mmHg 和（或）舒张压≥ 90mmHg 者，可确诊为高血压（见表 4-1）。

表 4-1　高血压分级

级别	收缩压（mmHg）		舒张压（mmHg）
正常血压	< 120	和	< 80
正常高值	120 ~ 139	和（或）	80 ~ 89
高血压	≥ 140	和（或）	≥ 90
1 级高血压（轻度）	140 ~ 159	和（或）	90 ~ 99
2 级高血压（中度）	160 ~ 179	和（或）	100 ~ 109
3 级高血压（重度）	≥ 180	和（或）	≥ 110
单纯收缩期高血压	≥ 140	和	< 90

2. 怎样预防高血压

（1）保持合理饮食。

（2）坚持适量运动。

（3）戒烟限酒。

（4）保持正常体重。

（5）调节情志，保持乐观。

第四节　冠状动脉粥样硬化性心脏病的预防

冠状动脉粥样硬化性心脏病（简称冠心病）是冠状动脉血管发生动脉粥样硬化病变引起血管腔狭窄或阻塞，造成心肌缺血、缺氧或坏死而引起的心脏病。冠状动脉是供应心脏血液的血管，冠心病又称缺血性心脏病。其预防措施有：

（1）合理膳食，适量控制热能、脂肪与胆固醇摄入，保证膳食纤维的供给，预防高脂血症。低盐饮食，适量多吃新鲜蔬菜、豆制品与水果。

（2）注意科学调节情志，避免长期精神紧张、情绪激动，保持情绪稳定。

（3）科学控制体重，坚持适度的有氧耐力运动，如散步、游泳等。最好的运动是步行，快步走，微汗出。

（4）戒烟限酒，彻底戒烟，尽量少饮酒，尤其是烈性酒。

（5）避免暴冷暴热、过度劳累等。

（6）积极科学控制血压，定期查体量血压，采取科学预防高血压的措施。

（7）积极治疗有关疾病，如高血压、高脂血症、糖尿病等。

第五节　糖尿病

1. 糖尿病是怎么回事

糖尿病是由胰岛素分泌及（或）作用缺陷引起的以血糖升高为特征的代谢病，可分为1型、2型、其他特殊类型与妊娠糖尿病4种。长期血糖控制不佳的糖尿病患者，可伴发各种器官，特别是眼、心、血管、肾、神经损害或器官功能不全或衰竭，造成残疾或者早亡，对健康危害严重。糖尿病患者可能出现的症状有口渴与口干、多饮、多尿、多食、体重下降（就是常说的“三多一少”）、疲倦与视力模糊。但有些2型糖尿病患者很少有症状或根本没有症状。

糖尿病的诊断必须依靠血糖测定。符合以下任何一个条件，可以诊断为糖尿病：

有糖尿病症状，同时任意时间血糖≥ 11.1mmol/L（200mg/dl）。

空腹血糖（FPG）≥ 7.0mmol/L（126mg/dl）。

口服葡萄糖耐量试验（OGTT）2小时血糖水平≥ 11.1mmol/L（200mg/dl）。

2. 怎样预防糖尿病

除了遗传因素，身体活动减少及（或）能量摄入增多导致的肥胖是2型糖尿病患者最常见的危险因素。若肥胖的人体重减轻5kg左右，就可降低患糖尿病的风险。

（1）合理饮食，适量控制每日总能量摄入。

（2）适量运动，每周安排中等强度运动达150分钟或更多。

（3）保持正常体重，BMI控制在24以下。

第六节　癌症

1. 肿瘤与癌症是一种什么样的病

肿瘤是由多种原因引起人体细胞反应增生而形成的异常新生物。肿瘤分为良性肿瘤和恶性肿瘤两类。

癌症指的是恶性肿瘤。癌症的主要特性之一就是侵犯周围组织（浸润性）和向远处转移，如不能及早发现、诊断和治疗，可危及生命。虽然肿瘤可能在几个部位同时开始生长，但这是不常见的，通常肿瘤仅在一个地方开始生长，该部位称作原发部位。如果发生转移，通常是最初的或原发的肿瘤脱落的细胞碎片移动到身体其他部位。其播散有 3 种方式：直接播散、血液播散、淋巴系统播散。

良性肿瘤生长缓慢，可以多年不变。良性肿瘤周围几乎都有完整的包膜，很像西瓜皮，通常呈膨胀性生长而不向周围组织浸润，完全切除后，一般不会复发，更不会发生转移。除了生长在身体特殊部位（如脑、脊髓）的良性肿瘤以外，良性肿瘤对人体危害较小。

2. 怎样预防癌症

（1）改变不健康的生活方式

倡导健康的生活方式，远离危险因素是预防癌症的第一要务。

①戒烟限酒。

②适量科学运动。

③保持正常体重。

④接种乙肝病毒疫苗。

⑤改善居室通风条件，并适当通风。

⑥成年女性定期进行乳房自查、定期做宫颈癌细胞学检查。

⑦加强劳动保护，减少致癌物的职业与环境接触。

⑧避免长时间的强烈阳光照射。

⑨保持周围环境卫生，减少污染。

（2）远离烟草

吸烟既是引起肺癌、喉癌、口腔癌、咽癌与食管癌的主要原因，也是膀胱癌、胰腺癌、肝癌、子宫颈癌、肾癌、胃癌、结直肠癌与某些白血病的促进因素。

①不吸烟。

②吸烟者要尽早戒烟。

③尽量避免被动吸烟（吸二手烟）。

（3）健康饮食

许多癌症的发生与不健康的饮食关系密切，比如食管癌、肝癌、胃癌、结直肠癌等。

①少吃熏制、腌制食品，比如经亚硝酸盐处理过的肉类、熏制食物与泡菜等。

②少吃过烫、过咸、过硬的食物，限制盐的摄入（包括盐腌食品或用盐加工的食品，每天不超过 5g 盐）。

③少喝含糖饮料，限制高糖、低纤维、高脂肪、肉类食物的摄入。

④避免过量进食红肉（比如牛肉、猪肉、羊肉）与加工的肉制品。

⑤少喝含酒精的饮料，可预防喉癌、食管癌、肝癌等的发生。

⑥不食用发霉的谷类与豆类，比如霉变的花生米、玉米、黄豆等。

⑦少用辛辣调味品，比如肉桂、茴香、花椒、肉蔻等（过量食用这些食物有可能促进癌细胞的增生，从而加速癌症的恶化）。

⑧提倡通过膳食本身满足营养需要，不依赖营养补充剂来预防癌症。

⑨适量食用不同种类的新鲜蔬菜、水果、豆类、菇类食物，增加维生素摄入，抑制癌细胞的繁殖。

⑩适量食用富含膳食纤维的食物，如胡萝卜、芹菜、莴苣等蔬菜。

（4）预防和治疗有关病毒与细菌等感染

世界卫生组织公布，全世界约有 1/5 的癌症是由慢性感染引起的，比如人类乳头瘤病毒会引起宫颈癌，乙肝病毒、丙肝病毒与肝癌发生有关，幽门螺杆菌与胃癌发生相关。

①及时接种乙肝疫苗，预防乙肝病毒感染。若感染乙肝病毒应进行正规的抗病毒治疗。

②使用合格安全套可预防人类乳头瘤病毒感染。

③养成良好的饮食卫生习惯，预防幽门螺杆菌感染。一旦感染幽门螺杆菌应到医院进行正规治疗。

（5）采取针对性措施预防不同的癌症

癌症有多种，不同的癌症预防控制的侧重点及措施不同。

①预防肺癌：以控烟为主，不吸烟、避免吸二手烟；改善居室通风条件。

②预防食道癌：避免进食过快、过热、过粗或具有强烈刺激性的食物；不吃发霉变质的食物；注意口腔卫生。

③预防胃癌：低盐饮食，每天不超过5g盐；不吃发霉变质的食物；不暴饮暴食；经常适量食用豆制品、新鲜蔬菜、水果等；及时根治幽门螺杆菌感染。

④预防肝癌：以接种乙肝病毒疫苗为主；不吃发霉变质的食物，尤其是发霉的玉米、花生、大米、高粱等；不过量饮酒。

⑤预防结直肠癌：进食低脂肪食物，适量食用新鲜的蔬菜与水果。

（6）“早发现、早诊断、早治疗”是提高癌症治愈水平的关键

世界卫生组织认为，通过早期发现与充分治疗，有1/3的癌症可以治愈。相当一部分癌症有警示症状，只要保持警惕，及时就诊，就可以早期发现。

①一旦出现可疑症状，应及时就医，及早治疗。世界卫生组织提出如下癌症早期征兆：

· 身体发现硬结或硬变，例如乳房、皮肤等。

· 疣或黑痣有明显变化。

· 持续性消化不正常、声音嘶哑、干咳及吞咽困难。

· 鼻、耳、膀胱或肠道不明原因的出血，月经期除外。

· 不愈的伤口，不消的肿胀。

· 原因不明的体重减轻。

②成年已婚女性定期开展乳腺癌自查与接受乳腺癌筛查（根据医生建议选择乳腺钼靶X线摄片或乳腺超声检查）。自查时间每月一次，在月经周期结束后一周左右进行。

③有性生活史成年女性，应定期到正规医院进行宫颈癌细胞学涂片筛查。

④若出现原因不明的血便或排便习惯的改变，或原因不明缺铁性贫血时，应及时进行大肠癌相关检查。

第七节　脑卒中

1. 科学预防脑卒中

（1）戒烟限酒。

（2）保持健康体重。

（3）科学预防与控制高血压。高血压患者要保持血压平稳，防止血压水平波动过大。

（4）科学预防与控制血脂异常。

（5）科学预防与治疗糖尿病。

（6）科学预防与治疗各种心血管疾病。成年人应定期体检，尽早发现与治疗心血管疾病。

2. 早发现、早治疗脑卒中

（1）出现以下症状，应引起高度重视：

· 手、脸或腿部乏力或麻木，口眼向一侧歪斜。

· 讲话或言语理解困难，口齿不清。

· 双眼或单眼视物模糊不清。

· 不明原因的严重头痛。

· 行走困难，头昏眼花，平衡或协调丧失。

（2）出现症状，应保持镇静、停止活动，让患者平卧，解开患者的领口纽扣、领带、胸罩、裤带，如有假牙应取出，保持呼吸道通畅。

（3）怀疑脑卒中时，应打电话给急救中心或医院寻求帮助，必要时询问并听从医生指导进行处理。注意在没有医生明确诊断之前，切勿擅自应用止血剂等药物。

（4）在专业医生指导下，运送到医院，切勿抱、背、拖、扛患者。

第八节　老年痴呆

（1）适当多动脑，多学习，如看书、看报、读书、下棋、看电视、与人交谈等，大脑经常接受信息刺激，脑细胞才能发达，才能促进大脑思维活动，并帮助保持与增加记忆功能，预防痴呆的发生。

（2）尽量少用或不用铝制炊具，过量进入人体的铝元素可损害中枢神经系统，容易造成痴呆。

（3）常吃含有胆碱与 B 族维生素的食物。含胆碱丰富的食物有豆类及其制品、蛋类、花生、鱼、瘦肉、核桃等。B 族维生素能有效降低老年痴呆的发病率，含 B 族维生素的食物有海带、贝类，动物肝、肾，奶、新鲜蔬菜、糙米等。

（4）科学预防脑卒中。

（5）怀疑患有老年痴呆应及早就医。若发现自己或家人出现记忆丧失、定向力障碍、性格变化、言语功能下降等，应及时就医，科学治疗。

第九节　红眼病

红眼病，学名流行性出血性结膜炎，是一种急性眼部传染病，传染性极强，很容易在幼儿园、学校等集体单位传播流行。该病全年均可发生，春、夏季节多见。

红眼病主要通过接触传染，最常见为眼－手－眼的传播，另外，接触患者用过的毛巾、洗脸用具、水龙头、门把、游泳池的水、公用玩具等也会被传染。

红眼病多是双眼先后发病，患者常感到双眼发烫、怕光、眼红、眼睛痛、眼皮红肿、眼屎多、易流泪；早晨起床时，眼皮常被眼屎粘住，不易睁开。严重的还伴有头痛、发热等全身症状。红眼病一般不影响视力。

得了红眼病应积极科学治疗，在医生的指导下合理用药。眼屎较多时，可用生理盐水冲洗眼睛，每天 2 ～ 3 次，并用消毒棉签擦净眼睑边缘。如为细菌性感染，可选择适当的抗生素眼药水滴眼，根据病情轻重，每 2 ～ 3 小时或每小时滴眼药水 1 次；晚上睡前可涂抗生素眼膏。每次点药前将眼屎擦洗干净，效果才好。一般说来，发病 3 ～ 4 天时病情最重，随后慢慢减轻，10 ～ 14 天就完全好了。

预防红眼病要养成良好的卫生习惯，饭前、便后、外出回家后要及时用洗手液或肥皂洗手。避免用手揉擦眼睛。在红眼病流行季节，最好去正规且消毒条件完善的游泳池游泳，红眼病患者严禁进入游泳池。

第十节　肠道传染病

肠道传染病是由多种细菌与病毒感染引起，以消化道症状为主的传染性疾病。患者或病原携带者的粪便、呕吐物排入水源，洗涤被病原体污染的衣裤、器具、手等，均可使水受到污染。在食品的生产、加工、运输、贮存与销售过程中均存在被病原体污染的危险。苍蝇、蟑螂等昆虫也可造成病原体扩散。因此，把好病从口入关，养成良好的卫生习惯，是预防肠道传染病的关键。

（1）注意日常卫生。

（2）吃熟食、喝开水、勤洗手。

腹痛、腹泻、恶心、呕吐等胃肠道症状是肠道传染病的早期症状，大多数传染病在发病早期传染性最强，学会识别肠道传染病的早期症状，做到早发现、早报告、早隔离、早治疗，不但可以提高治疗效果，而且可以防止疫情扩散。

（1）当出现腹痛、腹泻、恶心、呕吐等胃肠道症状时，要去就近的医疗机构诊断与治疗，以免延误病情。

（2）如果出现群体胃肠道传染病现象，应在去医院的同时向当地疾病预防控制中心报告，并保留残留食物。

第十一节　呼吸道传染病

呼吸道传染病患者的鼻涕、痰液等呼吸道分泌物中含有大量的病原体。若手接触到分泌物后，可通过握手、使用或接触衣物、文具、门把手、钱币等造成病原体的传播与扩散。

呼吸道传染病可通过咳嗽或打喷嚏等方式传播。患者或病原携带者在呼吸、咳嗽、打喷嚏时，可将带有细菌或病毒的呼吸道分泌物散布到空气中，易感的人随呼吸吸入或接触等方式感染后，经过一定时间的潜伏期就会发病。

当人体受凉后，呼吸道血管收缩，血液供应减少，局部抵抗力下降，病毒容易侵入。

预防措施：

（1）勤洗手。

（2）不随地吐痰。

（3）咳嗽、打喷嚏时，若手边没有纸巾、手帕，建议用胳膊肘遮挡口鼻。

（4）室内适当通风，保持空气流通。

（5）科学养生，增强体质。积极锻炼身体，规律的生活作息和均衡的膳食等，均可提高人体自身的抗病能力，降低感染呼吸道传染病的可能性。

第十二节　乙肝

乙肝是一种危害较大的病毒性传染病，可引起肝脏损害，造成急性与慢性肝炎，但可以通过接种乙肝疫苗来预防。

（1）新生儿接种乙肝疫苗是预防乙肝的关键。因此，新生儿出生后要及时并全程接种 3 针乙肝疫苗。

（2）乙肝高危人群也要及时注射乙肝疫苗。主要包括乙肝高发区人群；医务人员；接触血液的人员；多次接受输血和血制品的患者；阳性者家庭成员，特别是配偶等。

乙肝病毒是通过接触受感染的血液或其他体液传染，而不是日常接触。日常生活与工作接触不会感染乙肝病毒。乙肝病毒携带者在生活、工作、学习与社会活动中不对周围人群和环境构成威胁，可以正常学习、就业与生活。预防乙肝应做到：

（1）避免不必要的注射、输血与使用血液制品，使用安全自毁型注射器或经过严格消毒的器具，杜绝医源性传播。

（2）正确理解乙肝传播途径，消除对乙肝患者的歧视，为乙肝患者提供正常的学习、工作环境。

第十三节　细菌性痢疾

细菌性痢疾简称菌痢，是由痢疾杆菌引起的急性肠道传染病。临床上以腹痛、腹泻、里急后重、黏液脓血便为主要特征。

预防措施：

（1）管理好传染源。一旦发现患者与带菌者，应及时隔离彻底治疗。对于急性菌痢患者，症状消失、停药后连续 2 次（隔日一次）粪检阴性方可解除隔离；对于慢性菌痢患者与带菌者，连续 3 次（隔周一次）粪检阴性才可解除管理。对托幼、供水、饮食等单位工作人员，应定期进行健康检查、粪便培养等，及时发现带菌者。一旦发现带菌者，应立即调离原工作岗位，给予全程治疗，彻底治愈后方可解除隔离，恢复工作。

（2）做好“三管一灭”，切断传播途径，即管理水源，管理患者与带菌者的粪便，管理饮食，消灭传播媒介如苍蝇、蟑螂等。

（3）不食生冷食品，不喝生水，生熟分开。

（4）注意个人卫生，饭前便后勤洗手。

（5）积极开展健康教育，宣传菌痢防治知识。

第十四节　肺结核

肺结核是由感染结核分枝杆菌引起的一种慢性呼吸道传染病，主要通过吸入肺结核患者咳嗽、打喷嚏、大声说话等喷出的飞沫传播。

预防措施：

（1）勤洗手、多通风、保证充足的睡眠、合理膳食、强身健体均可提高抵御疾病的能力。

（2）咳嗽与打喷嚏时掩口鼻、不随地吐痰可减少肺结核的传播。

及时发现与规范治疗是防止肺结核传播的最有效手段。

国家为初诊的肺结核可疑症状者，免费提供 1 次痰涂片检查（3 份痰标本）与 1 次普通 X 线胸片检查；为活动性肺结核患者免费提供国家统一方案的抗结核药物、治疗期间 3 次或 4 次痰涂片检查（每次 2 份痰标本）和治疗结束时的 1 次普通 X 线胸片检查。

（1）出现咳嗽、咳痰 2 周以上，应及时到结核病防治机构（包括结核病防治所和结核病定点医院等机构）就诊。

（2）肺结核患者要坚持完成全程规范治疗，这是治愈肺结核、避免形成耐药的关键。任何治疗的改变应由医生决定。

第十五节　血吸虫病

血吸虫成虫常寄生于人或哺乳动物的肠系膜静脉中，雌虫在肠系膜静脉的血管里产卵，卵随血流到肠壁，能使肠壁破溃而进入到肠腔内，再随大便排出。血吸虫卵在水中孵出毛蚴，后钻入钉螺体内，不断繁殖，形成大量尾蚴。含有尾蚴的钉螺遇水，尾蚴不断逸入水中，人、畜下水接触到尾蚴而受感染，就得了血吸虫病。

预防措施：

（1）不在有钉螺的湖水、河塘、水渠里游泳、戏水、打草、捕鱼、捞虾、洗衣、洗菜等。

（2）因生产、生活和防汛需要接触疫水时，要采取涂抹防护油膏、穿戴防护用品等科学措施。

（3）防止人、畜粪便污染水源，粪便需经过无害化科学处理后方可使用。

（4）积极配合当地血吸虫病防治机构组织开展的查螺、灭螺工作。

第十六节　疟疾

疟疾俗称“打摆子”“发疟子”，通过蚊虫叮咬传播。蚊子叮咬疟疾患者，患者血液里的疟原虫就被蚊子吸入，经过 10 天左右在蚊体内发育成为有感染性的蚊子，健康人被这种蚊子叮咬后就可能得疟疾。非洲、东南亚、中南美洲的一些国家和地区是疟疾高度流行区。

预防措施：

（1）做好个人防护，在户外穿遮挡性较好的衣物，比如长袖、长裤；暴露在外的皮肤可涂抹驱蚊剂。

（2）做好家庭防护，可使用蚊帐、纱门、纱窗等。

（3）疟区当地群众可用菊酯类灭蚊药浸泡蚊帐，有良好的效果。

（4）赴疟疾高度流行区工作、学习与生活，要携带青蒿素类抗疟药品及蚊帐、驱蚊剂等防护品。

（5）回国入境时，若出现发热、发冷、头痛等症状，应主动向口岸检验检疫人员申报，以便得到及时救治。

（6）回国后 1 个月内，若出现发冷、发热、头痛等症状，应及时到医院就诊，告知医护人员自己的出国史，便于医护人员排查疟疾。

第十七节　感冒

1. 普通感冒是怎么回事

普通感冒以鼻咽部症状为主要表现，可见鼻塞、打喷嚏、流鼻涕、发烧、咳嗽、头痛等。常见的病原体有鼻病毒、冠状病毒、流感和副流感病毒等。全年皆可发病，冬、春季节多发。

2. 流行性感冒是怎么回事

流行性感冒简称流感，是由流行性感冒病毒引起的急性呼吸道传染病。其最显著的特点是：突然暴发，迅速传播蔓延，波及面广。流感具有一定的季节性，我国北方常发生于冬季，而南方多发生在冬、夏两季。流感的发病率高，据统计，我国每年的发病率为 10% ~ 30%，人群普遍易感。由于流感病毒抗原性变异较快，人类尚无法获得持久的免疫力。临床主要表现为高热、乏力、头痛、全身肌肉酸痛等症状而呼吸道症状轻微。

3. 流感是怎么传播的

流感主要通过飞沫经呼吸道传播，也可通过接触被污染的手、日常用具等间接传播。

4. 怎样预防流感

（1）控制传染源：发现疫情，及时掌握疫情动态，及早对流感患者进行呼吸道隔离和早期治疗。隔离时间为 1 周或至主要症状消失。

（2）切断传播途径：流感流行期间，应避免集会等集体活动，易感者尽量少去公共场所。注意通风，必要时对公共场所进行消毒。医务人员在工作期间戴口罩，勤洗手，防止交叉感染，流感患者的用具及分泌物使用消毒剂消毒。

（3）保护易感人群

· 疫苗预防：疫苗接种是预防流感的基本措施。我国目前使用的全病毒灭活疫苗、裂解疫苗和亚单位疫苗，均有很好的免疫原性，但应严格按照适应证使用。

· 中药预防：取野菊花 60g，鱼腥草 30g，忍冬藤 30g，加水 500mL，煎至

150mL，1 次服 50mL，1 日 3 次。

· 空气消毒：艾叶或艾条点燃烟熏或煮沸熏蒸消毒空气不仅有较好的灭菌效果，而且有一定的灭活病毒作用；苍术、香薷煎煮后喷洒或煮沸熏蒸可预防病原微生物感染；用食醋蒸汽熏蒸房间或食醋喷雾进行空气消毒，方法是先将门窗关闭，按每立方米空间用 5mL 食醋计算，加等量水熏蒸或喷雾，因为偏酸的环境不利于感冒病毒的生长繁殖。

· 做好疫情监测与控制：加强疫情监测，及时了解疫情动态，早期发现患者，对防止疫情蔓延、降低发病率至关重要。一旦发现患者，应立即向当地疾病预防控制中心报告，以便采取防控措施。对临床典型流感患者进行积极治疗的同时，应就地隔离；对疑似患者和密切接触者进行医学观察，以控制流行。流感流行期间，公共场所和集体单位要加强通风，必要时进行空气消毒；对群众开展健康教育，提高自我保护意识和能力，比如暂不集会、暂不探亲访友、不到人群密集的场所活动、出门戴口罩等，以减少受传染机会。平时要注意锻炼身体，增强体质。

第十八节　新型冠状病毒感染

新型冠状病毒感染之预防：

1. 新冠病毒疫苗接种

接种新冠病毒疫苗可以减少新冠病毒感染和发病，是降低重症和死亡率的有效手段，符合接种条件者均应接种；符合加强免疫条件的接种对象，应及时进行加强免疫接种。

2. 一般预防措施

保持良好的个人及环境卫生，均衡营养，适量运动，充足休息，避免过度疲劳。提高健康素养，养成“一米线”、勤洗手、戴口罩、公筷制等卫生习惯和生活方式，打喷嚏或咳嗽时应掩住口鼻。保持室内通风良好，做好个人防护。

第十九节　脊柱弯曲异常

人类之所以能够直立行走，运动自如，主要靠的就是脊柱。人体脊柱并不是笔直的，它有 4 个正常的生理性弯曲。这些弯曲的形成是与人类的直立行走相适应的，能缓冲剧烈运动时对脑的震荡，并有利于身体平衡。若脊柱失去正常的生理弯曲或在生理弯曲之外出现脊柱弯曲异常（脊柱弯曲异常通常表现为含胸、驼背、左右肩高低不一致），这不仅影响一个人的体形，还妨碍心、肺等重要脏器的生长发育及其功能的正常发挥。

脊柱骨及其韧带有很大的柔韧性、可塑性，不易骨折，但在外力作用下却很容易变形。如果阅读、书写或劳动时姿势不正确，很容易造成脊柱弯曲异常。造成脊柱弯曲异常的另一个原因是缺乏体育锻炼。

脊柱弯曲异常会对身体带来较大的危害，必须引起高度重视。那么，怎样才能预防脊柱弯曲异常发生，保证身体的健康成长呢？一定要记住下面几点：

（1）养成正确的坐、立、行姿势。坐在座椅上时，脊柱要正直，不过分前倾、不歪斜、不耸肩、不侧身、不趴在桌面上，脊柱尽可能多地负担身体的重量，把肌肉负担减低到最小限度。另外，大腿要放平，两脚要着地。站立时要适当变换各种姿势，使各骨骼关节受力均衡，有利于人体各骨骼关节的生长发育，形成健美的体态。至于“久立伤骨”，是指长时间单调的站立姿势，会影响人体某些骨骼关节的生长发育，或导致某些骨骼关节发育畸形或活动障碍。

（2）使用适合自己身高的桌椅。

（3）改变单肩背包与单手提重物的习惯，养成两边轮流背包与提重物的习惯。

（4）加强体育锻炼。

（5）保证合理的营养，适量吃蔬菜、水果、鸡蛋、牛奶等，以促进脊柱正常发育。

若已形成脊柱弯曲异常，可以在医生的指导下做矫正体操，加强背部肌肉的紧张力，纠正身体的不良姿势，使躯干两侧的肌肉得到平衡发展，消除已存在的异常弯曲。

第二十节　抑郁症

1. 学会自我调节心理

抑郁症的最显著特点就是心理压力大，心理承受能力低。因此，要学会自我调节与释放压力，预防抑郁症的发生。

2. 树立积极的心态

树立积极的心态，遇到挫折要想办法走出阴霾，重新塑造一个良好的人格。让自己变得更加开朗，更加阳光与乐观。人的心态好，心胸大，大事也是小事；若心态不好，心胸狭小，小事也是大事。

3. 与家人朋友适当交流

家人与朋友的情感支持与良好的人际关系很重要，当遇到挫折、感到压抑时，多和亲朋好友倾诉，敞开心扉，不要憋在心里，若得到家人的关心与劝导，会很快走出心情的低谷。

4. 适当培养自己的兴趣爱好

广泛适当的兴趣爱好能驱散压抑的情绪，有益于心情调节与情感释放。比如绘画、书法、音乐、运动、旅游等，尤其要加强适量运动。

5. 客观的定位目标

要客观地定位自己的目标，不要把自己的期望定得太高，就能坦然面对一切。人的负面情绪，很多时候是由于现实与自己期望的目标背道而驰或差距甚远造成的，越达不到自己的目标，越想得到，就会无形中给自己太大压力，影响心理健康。

6. 及时向心理医生咨询

若尝试了很多方法都没有好转，要及时主动地向心理医生寻求帮助。想想很多名人都经历过抑郁症，最后均度过了心理抑郁期，从而走向成功，自己还怕什么呢?

第二十一节　驼背

一、怎样预防驼背

1. 端正身体姿势

无论是站立还是行走，均要时刻注意挺直胸部，两肩向后舒展，腰背自然挺直；坐着时背部挺直，肩膀端平。看书、写作业时眼睛不要离书本太近，身体不要倾斜，更不能趴在桌子上。

青春期是身体发育的快速期，骨骼与肌肉均生长迅速，但骨骼发育还未定型，容易受到外力的影响而变形；学生伏案学习时间长，若不注意坐姿，很容易导致驼背；个别女生因为胸部发育感到害羞，于是经常俯首含胸，渐渐形成驼背。

2. 适量参加体育锻炼

不要错过每次课间操与体育课的锻炼机会，加强骨骼与肌肉力量。适当做一些专门矫正驼背的运动，增强背部肌肉，挺拔身姿。

3. 不睡软床

正处在发育期的学生不适合睡软床，最好睡硬床板，这样在睡眠时，能使脊椎保持自然平直。

二、怎样矫正驼背

1. 俯卧撑

面部朝下，两手与两脚同时接触地面，支撑起身体。运动时，胳膊弯曲向下推，身体保持平直不着地，酌情反复做 10 ~ 20 次。

2. 贴墙站立法

身体站直贴墙，两脚并拢，双腿夹紧，膝盖不能向前弯，自然挺胸、抬头，小腹收起，双臂自然下垂，紧贴身体两侧，两肩向后自然舒展。练习时要保证脚跟、臀部、肩部、头部贴到墙壁，最少坚持半小时。

3. 向后振臂法

身体站直，两臂向前伸直，然后向后甩动，稍微用力一点；或者两臂向身体两侧平举，然后由前向后运动，同时头部向后仰，动作要标准有规律，每次酌情做 10 ~ 20 分钟。

这几种矫正方法简单易学，可以根据自身情况，酌情选做，坚持训练，会有明显的效果。

第二十二节　近视眼

一、近视是怎么回事

近视是外部平行光线经眼球屈光系统后聚焦在视网膜之前的一种屈光不正。近视以视远不清、视近清为主要特征。

二、近视影响身心健康

近视会导致眼睛视物模糊、干涩、疲劳，注意力不集中、头晕等，影响正常学习、生活和身心健康。有些专业和工作对视力有严格的要求，近视可能影响升学和择业。近视还会增加出现视网膜病变等并发症的风险，严重的可导致失明。

三、近视的主要危险因素

长时间持续近距离用眼、缺乏日间户外活动、不正确的读写姿势、过度使用电子产品等是近视的主要危险因素。养成良好的用眼习惯，坚持充足的日间户外活动，避免长时间持续近距离用眼，控制电子产品使用，是预防近视的有效手段。定期进行视力检查，有利于早发现、早矫正，防止近视加重。0 ~ 6 岁是视觉发育的关键期，应当重视早期视力保护与健康。

四、近视主要通过视力检查和验光进行诊断

在实际生活中发现视力异常，要进行全面的眼科检查，做出正确诊断。用标准对数视力表和电脑验光仪进行视力和屈光度检查是筛查近视的主要方法。常规筛查可以在非散瞳状态下进行验光，近视确诊应在医疗机构进行散瞳验光（睫状肌麻痹）。按照睫状肌麻痹后测定的等效球镜（SE）度数将近视分为低度近视（$-3.00D<SE\leqslant-0.50D$）、中度近视（$-6.00D<SE\leqslant-3.00D$）和高度近视（$SE\leqslant-6.00D$）三类。

五、近视的视力矫正方法主要是配戴眼镜

配戴框架眼镜和角膜接触镜（隐形眼镜），不仅可以矫正视力，而且有利于缓解眼睛疲劳。在专科医生的指导下选择正确的方法，可以减缓近视发展。应严格按照国家卫生健康委员会发布的《近视防治指南》和相关诊疗规范，开展近视的视力矫正。

六、科学预防近视

1. 白天坚持充足的户外活动

白天坚持充足的户外活动对于预防近视和防止近视加重有重要意义，应保证每天白天进行 2 小时以上户外活动。

2. 保持正确的读写姿势

不正确的读写姿势会增加发生近视的风险。读书写字要使用适合自己身高的桌椅，应有良好的照明，并保持“三个一”的正确姿势，即眼睛离书本一尺，胸口离桌沿一拳，握笔的手指离笔尖一寸，连续用眼时间不宜超过 40 分钟。认真做眼保健操。

3. 避免不良的读写习惯

预防近视要避免不良的读写习惯，应做到不在走路、吃饭、卧床、晃动的车厢、光线暗弱或阳光直射等情况下看书、写字、使用电子产品。

4. 保证充足的睡眠和合理的营养

充足的睡眠和合理的营养是保证视力健康的基础。平时应做到营养均衡，不挑食，不偏食，不暴饮暴食，少吃糖，多吃新鲜蔬菜水果。

5. 控制使用电子产品的时间

长时间、近距离、持续盯着手机、电脑和电视等电子产品的屏幕，会给眼睛带来伤害。使用电子产品时，应使眼睛与屏幕保持一定距离，屏幕亮度适中。使用电子产品单次不宜超过 15 分钟，每天累计不宜超过 1 小时。

6. 看不清黑板或远处的物体可能是发生了近视

当发现自己看不清黑板上的文字或远处的物体时，可能是发生了近视，应尽快到医院进行视力检测，做到早发现、早诊断、早矫正，防止近视进一步加重。需注意，即使能看清远处的物体，也存在发生单眼近视的可能性。平时可交替闭上一只眼睛进行自测，以便发现单眼近视，及时矫正，避免双眼视力差对眼睛造成更大伤害。

7. 一旦确诊为近视，应尽早在医生指导下配戴眼镜，并定期复查

一旦被医生确诊为近视，就应该进行矫正，不然视力有可能进一步下降。配戴眼镜是当前矫正视力的常用方法，但具体采用哪种眼镜，应听从医生的指导。通过配戴眼镜对视力进行矫正后，应坚持戴镜，且应继续保持良好的用眼习惯，每半年到医院复查一次。

第二十三节　沙眼

沙眼是一种常见的感染性眼病，是由微生物——沙眼衣原体引起的一种慢性传染性结膜角膜炎。因其在睑结膜表面形成粗糙不平的外观，形似砂粒，故名沙眼。感染沙眼可以延续数年以致数十年之久，其患病和病变的严重程度与环境卫生条件密切相关。

在沙眼感染早期，患者有不同程度的怕光、流泪、发痒、异物感、分泌物增多等眼部不适感。

沙眼病原微生物很容易通过不同的途径由一个人传播给另一个人。患沙眼者常有眼红和黏性分泌物，很容易通过手指、衣物、物品的交互接触而传播。

沙眼的预防：培养良好的卫生习惯，保持面部清洁，不用手揉眼，毛巾、手帕要勤洗、晒干，不使用公共毛巾，阻断沙眼传播的途径，减少感染的传播与流行；家中有人患沙眼要及时到正规医院科学治疗，防止相互传染。

第二十四节　龋齿

龋齿，俗称虫牙、蛀牙。早期的龋齿没有疼痛的感觉，往往在进行口腔检查时才能发现。

怎样预防龋齿的发生呢？

（1）养成早晚科学刷牙、饭后漱口的好习惯。

（2）“一人一刷一口杯”，避免交互感染。

（3）提倡使用保健牙刷，最好使用质量合格的软毛牙刷，每3个月更换一次。若牙刷毛发生弯曲或倒伏，会对口腔的软硬组织造成损伤，需要立即更换。

（4）使用正确的方法刷牙，能有效清除牙龈沟内的牙菌斑。

提倡采用水平颤动拂刷法刷牙，具体操作要领为：

手持牙刷柄，将刷头放置于口腔内一侧的后牙牙颈部，刷毛与牙长轴大约呈45°，刷毛指向牙根方向（上颌牙向上，下颌牙向下），轻微加压，使刷毛部分进入牙龈沟内，部分置于牙龈上。

以 2 ~ 3 颗牙为一组开始刷牙，用短距离水平颤动的往返动作在同一个部位至少刷 10 次，然后将牙刷向牙冠方向转动，继续拂刷牙齿的唇（颊）舌（腭）面。

刷完第一组之后，将牙刷移至下一组 2 ~ 3 颗牙的位置重新放置，注意要与第一组牙保持有重叠的区域，继续刷这一组。

刷上前牙舌面时，将刷头竖放在牙面上，使前部刷毛接触龈缘，自上而下拂刷。刷下前牙舌面时，自下而上拂刷。

刷咬合面时，刷毛应指向咬合面，稍用力前后短距离来回刷。

（5）刷牙后应用清水冲洗牙刷并将刷毛上的水分甩干，刷头向上放在口杯中，置于通风处。

（6）在每天刷牙的同时，提倡使用牙线或牙间刷清洁牙间隙。

（7）饭后漱口可去除口腔内的食物残渣，保持口腔清洁。最好用茶水漱口，因为茶水中含有丰富的氟和茶多酚成分，有预防龋齿的功效。

（8）平时少吃零食和糖果糕点，多吃蔬菜、水果和富含钙、磷、维生素的食物，尽可能吃些粗粮，对预防龋齿的发生有好处。

（9）小学生处于乳牙、恒牙交替的阶段，要定期到医院进行口腔检查，一般每半年一次，可以早期发现龋齿，及时治疗。

（10）第一颗恒牙——六龄齿萌出后，应及时到医院进行窝沟封闭，可以防止龋变。

（11）已经发生龋齿要及时去口腔科请医生诊治。

（12）使用含氟牙膏刷牙是安全、有效的防龋措施。

第二十五节　狂犬病

1. 狂犬病的概念

狂犬病又称恐水症，是由狂犬病毒引起的一种以侵犯中枢神经系统为主的急性人兽共患传染病。狂犬病毒通常由病兽通过唾液以咬伤方式传给人。临床表现为特有的恐水、怕风、恐惧不安、咽肌痉挛、进行性瘫痪等。迄今为止，狂犬病一旦发病，病死率达 100%。

2. 狂犬病的传染源是什么

带狂犬病毒的动物是本病的传染源，我国狂犬病的主要传染源是病犬，其次为猫、猪、牛、马等家畜。在发达国家和地区，由于对流浪狗控制及对家养狗的强制免疫，蝙蝠、浣熊、臭鼬、狼、狐狸等野生动物成为主要传染源。

一般来说，狂犬患者不是传染源，不会形成人与人之间的传染，因其唾液中所含病毒量较少。

3. 狂犬病的传播途径

狂犬病毒主要通过咬伤传播，也可由病犬的唾液，经各种伤口和抓伤、舔伤的黏膜和皮肤入侵，少数可在宰杀病犬、剥皮、切割等过程中被感染。蝙蝠群居洞穴中的含病毒气溶胶也可经呼吸道传播。器官移植也可传播狂犬病。

4. 狂犬病的易感人群

人群普遍易感，兽医与动物饲养员尤其易感。人被病犬咬伤后发病率为 15% ~ 20%。被病犬咬伤后是否发病与下列因素有关：

（1）咬伤部位。头、面、颈、手指处被咬伤后发病率高。

（2）咬伤的严重性。创口深而大者发病率高。

（3）局部处理情况。咬伤后迅速彻底清洗者发病率低。

（4）及时、全程、足量注射狂犬疫苗和免疫球蛋白者发病率低。

（5）免疫功能低下或免疫缺陷者发病率高。

5. 狂犬病的预防措施

（1）管理传染源

以犬的管理为主。捕杀野犬，管理和免疫家犬，并实行进出口动物检疫等措施。病死动物应予焚毁或深埋处理。

（2）伤口处理

应用 20% 肥皂水或 0.1% 苯扎溴铵（新洁尔灭）彻底冲洗伤口至少半小时，力求去除狗涎，挤出污血。彻底冲洗后用 2% 碘酒或 75% 酒精涂擦伤口，伤口一般不予缝合或包扎，以便排血引流。如有狂犬病免疫球蛋白或免疫血清，则应在伤口底部和周围行局部浸润注射。此外，尚需注意预防破伤风及细菌感染。

（3）预防接种

疫苗接种可用于暴露后预防，也可用于暴露前预防。我国为狂犬病流行地区，凡被病犬咬伤者，或被其他可疑动物咬伤、抓伤者，或医务人员的皮肤破损处均需做暴露后预防接种。暴露前预防主要用于高危人群，即兽医、山洞探险者、从事狂犬病毒研究人员和动物管理人员。

第二十六节　粉刺

1. 粉刺是怎么回事

粉刺又名肺风粉刺，中医认为其因肺风、胃热或肝郁所致，是以面部及背部见黑头或白头粉刺、丘疹、脓疮、结节、囊肿及疤痕为主要表现的皮肤疾病。相当于西医的痤疮。西医认为其是一种毛囊皮脂腺的慢性炎症性皮肤病，以皮肤出现散在性粉刺、丘疹、脓疱、结节、囊肿及瘢痕等损害，且常伴皮脂溢出为临床特征。多发生于青春期男女，也可见于青春期以后或成人。

2. 粉刺有什么表现

本病多见于 15 ~ 30 岁的男女青年。损害主要发生于面部，特别是前额、双颊部、颏部，其次是胸部、背部与肩部。

初起为粉刺，可分白头粉刺与黑头粉刺两种，黑头粉刺为毛孔中的小黑点明显扩大，略高于皮面，较易挤出黄白色脂栓。白头粉刺为皮肤色或暗红色小丘疹，无黑头，不易挤出脂栓。粉刺在发生过程中可演变为炎性丘疹、脓疱、结节、脓肿及囊肿，往往数种同时存在，并以其中一两种较为显著，常伴有皮脂溢出。病情时轻时重，常持续数年或到中年时期逐渐缓解而痊愈，留下萎缩性瘢痕或疙瘩性损害。临床上常根据皮损的主要表现分为丘疹性肺风粉刺、脓疱性肺风粉刺、囊肿性肺风粉刺和结节性肺风粉刺等。

3. 导致粉刺的原因是什么

西医认为本病的发生与雄激素及其代谢产物增多，使皮脂分泌增加；痤疮丙酸杆菌增多；毛囊漏斗部导管角化，皮脂排出受阻有关。遗传也是本病发生的重要因素。

中医认为粉刺由内热炽盛，外受风邪所致。如因肺经感受风邪，或内热炽盛，致肺热熏蒸，蕴阻肌肤而发；过食辛辣、油腻之品，生湿生热，结于肠腑，不能下达，反蒸于上，阻于肌肤而成；脾虚生痰，郁而化热，阻滞经络，气血运行不畅而成瘀，痰瘀互结，凝滞肌肤所致。

4. 粉刺应与什么疾病鉴别

（1）酒渣鼻：多于中年时期发病，好发于颜面中部，损害为弥漫性红斑、丘疹、脓疱及毛细血管扩张。

（2）职业性肺风粉刺：常发于经常接触焦油、机油、石蜡、石油等的工作人员，可导致痤疮样疹，损害较密集，可伴毛囊角化；除面部外尚可见于手背、前臂、肘部等接触矿油部位。

（3）颜面扩散性粟粒狼疮：损害为棕黄色或暗红色半球状或略扁平的丘疹，对称分布于眼睑、鼻唇沟与额部，在下眼睑往往融合成堤状，病程慢性。

5. 粉刺的预防与保健

（1）少吃富含脂肪、糖类的食物与刺激性饮食，多吃蔬菜水果，适量多饮水，保持大便通畅。宜用温热水洗涤患处，尤其注意避免挤压。

（2）避免长期服用碘化物、溴化物及糖皮质激素等药物。

（3）保持生活规律，避免精神紧张。

第二十七节　骨质疏松

1. 正确认识骨质疏松

骨质疏松是中老年人最常见的一种全身性骨骼疾病，其主要特征是骨矿物质含量低下、骨结构破坏、骨强度降低与易发生骨折。主要表现有疼痛、驼背、身高降低与骨折。骨质疏松症是可防可治的慢性病。

2. 骨质疏松的危害

骨质疏松的严重并发症是骨折，通常在日常负重、活动、弯腰与跌倒后发生。常见的骨折部位是腰背部、髋部与手臂，严重影响老年人的生活质量。

3. 重视骨质疏松的预防

各个年龄段的人群均应重视骨质疏松的预防，尤其绝经期后的女性与中老年人是骨质疏松的高发人群。婴幼儿时期与青年时期的生活方式与成年后骨质疏松的发生有密切关系。

4. 预防措施

（1）骨量积累不容忽视。人体骨骼中的矿物质含量在 30 岁左右达到峰值骨量。峰值骨量越高，相当于人体中的“骨矿银行”储备越多，到老年发生骨质疏松就越晚，症状和程度也越轻。

（2）均衡饮食促进钙吸收。钙是决定骨骼健康的关键元素。饮食习惯与钙的吸收密切相关，宜选择富含钙、低盐与适量蛋白质的均衡饮食。

（3）适当日照。日光照射有助于钙吸收。充足的光照会促进维生素 D 的生成，维生素 D 对钙质吸收起到关键作用。因此，建议每天至少 20 分钟日照，提倡中速步行等多种户外运动。

（4）坚持适量科学运动。人体保持正常的骨密度与骨强度需要不断地运动刺激，若缺乏运动会造成骨量丢失。因此，适量科学的体育锻炼对于预防骨质疏松具有积极作用，适度负重运动可以让身体获得与保持最大的骨强度。

（5）预防跌倒。老年人 90% 以上的骨折由跌倒造成。日常进行关节的柔韧性与灵活性锻炼运动负荷小，能量消耗低，有助于老年人预防跌倒与外伤，提高老年人生活质量。

（6）改变不良生活习惯。吸烟与过度饮酒等不良生活习惯均会增加骨质疏松风险。

5

第五章

健康生活 延年益寿

第一节　享年 111 岁的郑集教授健康长寿之道

郑集（1900—2010），号礼宾，四川南溪人，生物化学家、营养学家。1928 年毕业于中央大学（南京大学）生物系，长期执教于南京大学医学院生物系，国家一级教授，博士生导师。中国营养学和衰老生化研究学科的主要奠基人之一，中国生物化学的开拓者之一，世界最长寿教授和世界最高龄作家。

1945 年在中央大学医学院创办生化研究所，是中国教育史上第一个培养生物化学研究生的正式机构。郑集教授进入古稀之年后，开辟衰老生化机制研究，提出衰老机制的代谢失调学说，为中国衰老生化研究奠定了基础。

郑集教授将自己多年的研究心得和养生经验命名为“和健养生学”，提出“最好的医生是养生”“最好的养生是习惯”。为方便记忆运用，他把这些理论称为“十全十美”：

全人类同一目标：人类应当健康长寿。

两大条件：和谐、健康。

三大基石：起居有常有节、营养合理全面、重视防病治病。

四大座右铭：思想开朗、乐观积极、随遇而安、自强不息。

五关要过：生死关、名利关、权力关、生活关、社会关。

六维营养：维生素 A、B_1、B_2、B_6、C、E。

七式按摩带操。

八律餐饮：每餐八分饱，八有八少：有素有果，有杂有蛋，有奶有茶，有粮有养；少酒少荤，少油少陈，少甜少咸，少懒少撑。

九式四操（健身 18 法）。

十健康诀：开朗乐观、规律习惯、适度锻炼、确保睡眠、饮食安全、少酒戒烟、节制欲念、小病先看、环卫天然、防患未然。

一、开朗乐观

开朗乐观——思想开朗，乐观积极，情绪稳定。精神因素对人体的衰老进程影响甚大，神经系统，包括下丘脑和垂体，在人体衰老过程中起着关键性作用。人体的内在环境保持稳定、平衡，人才能得到健康。若中枢神经系统功能发生紊乱，则激素分泌必首先发生紊乱，使机体内环境的稳定和平衡遭到破坏，从而引起代谢紊乱，促使早衰。一个人的精神状态如不健康，多愁善感，郁郁不乐，或者患得患失，心绪不宁，则整个机体的生理功能即会发生混乱。在这种状况下，即使有较好的物质生活条件，机体也不能有效地利用所食之物，人也就不可能得到期望的健康长寿。

因为乐观不会伤害大脑，大脑的功能很健全，新陈代谢就正常，人的抵抗力就会增加。

郑老在思想方面，尽力保持乐观、开朗，情绪稳定，尽可能不为不称心的遭遇忧心发愁。遇到任何困难，都设法正面克服或迂回绕过，从不向困难低头。

郑老生活中经历过很多波折，他都以积极态度对待。因而能遭磨难而志不衰，处逆境而心泰然。他曾坦然地写下《读陆游＜咏梅＞有感》："任凭风雪摧，仍自开如故，留得清香在人间，哪怕随泥土。"郑老深知：人生的道路曲折，既有春光明媚的一马平川，也有风暴雨雪的曲折坎坷。当万般无奈又无法脱身逆境时，郑老就以写诗的方式来调节心理平衡，进行自我控制、自我解脱。

二、规律习惯

规律习惯——生活有规律。坚持一段时间有规律的生活后，身体各器官即能适应各种生活活动，正常运行。一般来说，应早起早睡，非万不得已不过夜生活，至于为吃喝玩乐熬夜则更不应该。定时进食和定时大便，可及时排除肠内毒素，保持胃肠健康，减少身体中毒。工作和休息时间要合理安排，才能保持身体健康，精力旺盛，从而提高工作效率。

在行动方面，郑老每天起居有常，工作、运动、休息和睡眠都尽可能按规律进行。早晨起来按摩，从头到脚，坚持多年，出差也好，生病也好，从不停止。动作不教条，到位就行。郑老的知识面很广，医学懂，生物化学、生物学、生理学都研究实践，吃喝玩乐都有规律。

三、适度锻炼

适度锻炼——坚持体力劳动和体育锻炼。"流水不腐，户枢不蠹。"这就是说，经常活动着的物体是不易毁坏的。人体亦然，需要经常活动，才能保持健康，延年益寿。

因为劳动和锻炼能增强代谢，促进呼吸，排出更多二氧化碳和其他代谢毒素，增进抗病能力和促进细胞更新。运动可使肌肉得到锻炼，骨关节更灵活，由于骨骼周围有韧带、肌肉等软组织，长期不运动就会退化。

脑力和体力一样，要经常使用才不退化。郑老晚年坚持看书写作，给报刊写科普文章、发表诗词，使头脑经常处于活跃状态，“不知老之将至”。但也要注意休息，每次看书写作两小时，就要休息一次。郑老根据自己的身体情况，借鉴多种锻炼方法编制的健身操，从 40 岁左右就开始坚持，是简单又适合不同年龄段人士的全身运动，供大家借鉴。

（一）室内健身操

这是郑集教授吸收前人经验自编的一套健身操，也是郑老每日起床前在床上做的体操，是集按摩、推拿于一体的体育锻炼法。其操作方式为每日起床前仰卧床上，依次做下列动作：

1. 从头开始

（1）按摩前额

（2）按太阳穴

（3）捏摩鼻子

（4）轻揉双眼

（5）全面搓耳

（6）轻压双耳

（7）按摩脸部

（8）上下叩齿

2. 全身热身

（1）按摩脖颈

（2）按摩双肩

（3）按摩两臂

（4）按摩腹部

（5）捏腿搓脚

（6）屈腿似跑

（7）弯腰慢摇

（8）紧肌整理

（9）腹式呼吸

“一日之计在于晨”，上述床上健身操，可用很少时间，换来一天的舒畅和硬朗，非常有益。

（二）室外健身操

这也是郑集教授根据自己的需要编制的一套简易健身操，可在室内进行，如果天气好的话，在室外做更适宜，因为不仅能呼吸新鲜空气，运动效果好，而且人的心情会比在室内舒畅很多。每天花 15 ~ 20 分钟即可做完。一般在早晨梳洗后或晚上临睡前做，郑老几十年来坚持练习，效果良好。这个方法动静适宜，能使全身各个器官都得到适当锻炼，能促进新陈代谢，预防疾病，增强抵抗力。依次做下列动作：

（1）立正静思

（2）快走百步

（3）骑马半蹲

（4）左右云手

（5）撒网三式

（6）凤凰展翅

（7）左右压腿

（8）并膝旋转

（9）摇头摆尾

（10）蛙式游泳

（11）左右弯腰

（12）左右开弓

（13）捶腰摩腹

（14）举手托天

（15）拍胸呼吸

（16）头部运动

（17）跳动踏步

（18）立正静思

四、确保睡眠

确保睡眠——注意休息和睡眠。睡眠是最好的休息。中老年人晚上不要睡得太迟，也不要躺在床上想问题或考虑疑难问题。休息是为了更好地工作，只有劳逸适度，工作效率才能提高。人的精力是有限的，在工作一段时间后需要休息，精力才能恢复。睡眠（包括午睡）是人的一种生理反应，是大脑神经活动的一部分，是大脑皮质内神经细胞继续兴奋之后产生了抑制的结果。当抑制作用在大脑皮质内占优势时，人或动物就会进入睡眠状态。睡眠时机体受到刺激最小，能量消耗也最少，可使疲劳的大脑和肌肉得到休息和恢复，因而睡眠是最有效的休息。成人每天应有 7 ～ 8 小时的睡眠，再加 1 小时的午睡。有人说老年人不需要睡 8 小时，这是不正确的说法。不要小视午睡，短短的午睡，即使仅 1 小时或半小时，也可提高整个下午的工作效率。睡眠还可增强人体免疫力。

郑老晚餐后静坐或散步约半小时，洗足后 8 点最迟 9 点就寝。

五、饮食安全

饮食安全——注意饮食卫生，切戒暴饮暴食。吃是人存活的必需条件，膳食的组合应力求符合营养原理。

除正常饮食外，郑老每天加服维生素。维生素是他最主要的“补品”。

每年冬季，郑老加服人参、黄芪、白术、大枣等扶正固本，从不服用市场上推销的保健食品。

郑集教授认为，中老年人补充膳食营养应注意下列几点：

（1）维生素摄入要充足，特别是维生素 A、B_1、B_2、B_6 及维生素 C 和维生素 E。

（2）蛋白质摄入要充足，但不宜过多。

（3）避免食用过多脂肪和糖，要吃植物油，少吃或不吃动物油脂。

（4）适量摄食杂粮、蔬菜、牛奶和蛋类。

（5）忌油腻的食物，忌烈性酒，不吃或少吃调味过浓及辛辣的食品。

（6）饮食定时定量，每餐不可过饱，以吃八分饱为宜，适当多饮温开水并食用一些水果，防止便秘，清洁肠胃。

（7）食物质地应柔软易消化。

（8）不吃腐败或霉变的食物及烹调后放置过久已变味的隔夜食物。

郑集教授把这些要点概括成六维营养和餐饮八律（八有八少），方便记忆和实践。

（一）六维营养

郑集教授60多年来吃的维生素都是国产的，很便宜的那种。每天最少服用6类8粒。

1. 维生素 A（25000 国际单位 / 粒）1 粒；
2. 维生素 B_1（10mg/ 粒）1 ~ 2 粒；
3. 维生素 B_2（5mg/ 粒）1 粒；
4. 维生素 B_6（10mg/ 粒）1 ~ 2 粒；
5. 维生素 C（100mg/ 粒）3 粒；
6. 维生素 E（100mg/ 粒）1 ~ 2 粒。

（二）餐饮八律

每餐只吃八分饱，进餐定时，细嚼慢咽，坚持八有八少：

有素有果，有杂有蛋，

有奶有茶，有粮有养；

少酒少荤，少油少陈，

少甜少咸，少懒少撑。

“养”是一定的营养品，如冬季视身体需要可补充黄芪、人参、白术、枸杞子等补中益气类中药。

在饮食营养方面，郑老重视合理营养，每天早餐吃 1 个鸡蛋、250mL 牛奶加麦片和两片面包。午餐两素一荤一汤，荤素杂食，素食为主。主食品为米、面，副食品为肉、鱼、蔬菜、豆类（包括黄豆、绿豆、红豆）、杂粮等。多吃蔬菜，不吃动物油脂和肥肉，只吃植物油，少吃油炸（包括油条）、腌制食物和过辣、过咸及过甜食物。进餐定时，每餐只吃八九分饱，细嚼慢咽，勿多言，防止食物进入气管，饭后喜欢闲坐休息。每天吃 1 ~ 2 个水果，上午、下午各饮淡茶或开水两杯，下午偶尔也喝一杯咖啡。

郑老从不吃反季节的蔬菜水果，从不轻信“祖传秘方”“宫廷食谱”和“宫廷秘方”，更经常提醒周围人，要警惕形形色色的虚假保健药品和食品广告。

六、少酒戒烟

少酒戒烟——严戒烟，少喝酒。烟草含有一种烟碱叫尼古丁，可使人中毒。吸烟使人的动脉血管收缩，导致人的各种重要器官，包括大脑、心脏、肺脏和胃等的供血不足，从而受到极大的损害。此外吸烟产生的一氧化碳和二氧化碳对人体也是有害的。有很多证据证明吸烟是有百害而无一利的。

酒少饮可促进血液循环，但不应饮烈性酒。

七、节制欲念

节制欲念——节制性欲和不良嗜好。青壮年的性生活必须有节制才能符合身心需要而不至于妨碍健康，老年人应更加严格控制。过度的性生活会导致精神和肉体的虚弱，引起多种疾病，甚至早衰夭折。其他不良嗜好如吸烟、酗酒、夜生活，以及一切有害健康的吃、喝、玩、乐等等，也都应禁绝。

八、小病先看

小病先看——不忽视小病。小病常常是大病的前奏，忽视小病往往会酿成大病。

多年来郑老都十分重视防病、治病，特别警惕伤风感冒，预防肺炎。除日常饮食起居注意保健外，平时每有不适或疲倦，即卧床休息，多饮开水并及时服药。在节气更替、气温变化较大时，注意加减衣服；时疫流行及严寒酷暑时，出门必戴口罩及手套，不去公共场所，防止虚邪贼风。小病早求医，大病少焦急。

九、环卫天然

环卫天然——注意环境卫生，多同阳光和新鲜空气接触。阳光和新鲜空气是健康的必备要素，阳光能杀灭细菌，新鲜空气能为身体提供充分氧气，含氧较多的血液能促进生物氧化作用。

郑老酷爱卫生，家中既没有铺地毯，也没有贴墙纸。房间天天打扫得干干净净，一尘不染。郑老对厨房、厕所卫生十分注意，容不得一点污迹。郑老主张去掉那些可有可无的摆设，尽量扩大室内空间，让阳光照射、空气流通。

十、防患未然

防患未然——注意劳动保护，防止意外伤害。各种劳动都有可能发生事故。在工作中要注意防止可能发生的意外事故和职业病。老年人在任何地方都应防止跌跤，即使在家，也不要爬高下低，免遭骨折。使用电器、煤气要小心谨慎，防触电、烧伤。外出也要特别小心，防止车祸。高龄的老年人旅行乘车、乘飞机或轮船，要有人陪同保护，注意安全。吃东西要细嚼慢咽，防止噎着，喝水也要防止呛着。

郑集教授把自己的为人归纳为做牛、做梯、做桥、做蚕、做烛的“五愿”，这也是他养生的重要部分。

一愿做牛

我愿做一头耕田的牛，一生奔走在犁儿的前头；
只要农人有所收获，我纵累死也无怨尤。
做牛，忍苦耐劳，奉献多而需求少。

二愿做梯

我愿做一个攀高的梯，人们需要时，我不计报酬，
多少人踏在我的肩上登上高峰，
我只是为他们的成就，乐在心头。

三愿做桥

我愿做江河上的桥，使人们达到彼岸不需划挠。
虽然也有过河拆桥的负心汉，我也能恕饶。

四愿做蚕

我愿做一条吐丝的蚕，不到死时吐丝不完。
为了人们的穿着漂亮，再难我亦不以为难。

五愿做烛

我愿做一支蜡烛，宁愿燃烧自己。

为的是给他人光明，

只要是对人类有益，粉身碎骨从不自怜。

第二节　国医大师邓铁涛健康长寿之道

邓铁涛（1916—2019），广东省开平市人。首届国医大师。广州中医药大学终身教授，博士生导师。国医大师邓铁涛不仅是著名中医学家、教育家，也是著名中医养生专家。邓老强调养生重于治病，推崇“上工治未病”思想，在实践中总结积累了丰富的养生保健经验，不仅重视养身，更重视养心、养德、养神、养脑，自创了一套身心兼备、行之有效的养生理念和方法。

一、养生重于治病

“药物不是万能，必须注重养生，只有意志坚定，才能持之以恒，作息以时，娱乐适宜，浪费时间需痛改，健康无价，不要对不起自己。”这是邓老的养生座右铭。“上工治未病”是邓老的养生指导思想。“养生重于治病”是邓老一直倡导的养生理念。

二、康寿德为先

邓老强调“养生先养心，养心先养德。”他说“仁者寿，寿而康”“大德者方得其寿”“厚德者寿”。谈养生，邓老首先强调的是“德”。“立志先立德”，邓老非常推崇孔子、孙思邈的教诲，邓老认为，要长寿者需品行端正。一个人的品德是可以修炼的，唯有勤修德行，才能心平气和，气血通畅，逐步达到心胸豁达，乐观开朗；进而达到《黄帝内经》所言的“恬淡虚无，真气从之，精神内守，病安从来”的境界。

对于如何养德，邓老的看法是读儒、道、佛三家之书，听从圣人的教诲，并践行之。邓老年轻时看书很杂，其中便有不少是儒、道、佛三家的书籍。阅读这些书籍让邓老感受到中华文化的博大精深，逐渐认识到道德等精神修养的重要性。

三、神以静为养

邓老强调，养生勿忘养心。养心，并非单指养护心脏，而是泛指安养心性，调节情绪。由于神藏于心，“心主神明”，故调神即养心。中医养神强调的是“静养”，即“神以静为养”，心平气和寿。《素问・灵兰秘典论》曰“心者，君主之官，神明出焉”“心主身之血脉”“五脏六腑之大主”。是说心为人一身的主宰，主神明，可以驾驭精神情绪、调适寒暑，这样就能维持机体内外环境的平衡，保证机体的健康。邓老平时生活中注意保持情绪的平和喜悦，这正应了《素问・举痛论》所谓“喜则气和志达，营卫通利”。

充足睡眠，调神养心。“人的脚，犹如树的根。树枯根先竭，人老脚先衰”。脚对养生保健起着重要的作用。有时因为工作忙，精神高度紧张出现睡眠不好，邓老会在静坐的同时用双手按摩、揉搓脚背及脚心，以劳宫穴摩擦涌泉穴，即心肾相交，加速脚部的血液循环，以产生温热感为度，每次 10 ～ 30 分钟。

食疗药治，养心妙法。邓老比较喜欢吃橙子与榴莲，夏天则适当吃些苦瓜。这些果蔬对养心有帮助。有时邓老还喜欢炖人参与三七，一般每次各 10g 左右，可加 5g 陈皮。

进取心是健康长寿的活化剂，是一种良好的心态。有进取心的人对事物充满兴趣，对生活充满情趣，对知识学而不厌，对老有所为乐而不疲，使老年生活丰富多彩。当心少时，人即不老。

四、珍惜肾精 养肾增寿

邓老认为肾精由父母之精遗传而来，是人体生长发育生殖的物质基础，珍贵而易失，养肾可令人长寿。

珍惜精气，节戒色欲。邓老认为养肾应做到节戒色欲、珍惜精气。邓老主张房事应适度。适度房事不但有利于气机的调畅，方法得当还有保精延年之效。正如孙思邈所说：“男不可以无女……无女则意动，意动则神劳，神劳则损寿。强抑闭之，难持易失，使人漏精尿浊，以致鬼交之病，损一而百当也。”以此告诫后学者要适度房事，顾护肾精，保养先天。

午间散步，采阳助肾。邓老独创午间散步，有利于采阳补肾，邓老戏称此为“午间散步采阳养生法”，他认为此法对中老年人及阳虚体质的人群较为适宜。在天气晴朗的日子，邓老喜欢午餐前在楼下绕楼 10 圈，以此温阳补肾。

适度用脑，延缓衰老。肾藏精，精生髓，髓充脑，脑为髓海。结合这个理论，邓老认为人的脑部也应当经常“运动”，建议“中老年人尤其是退休赋闲在家者，只要条件允许，最好能每天坚持读书、看报或写日记等适度用脑的活动，以期延缓脑衰老的到来。这对于预防老年健忘、老年性痴呆都有一定的好处”。邓老身体力行，退休后仍坚持出门诊服务大众，每天的必修课都包括读书看报，关心国内外时事。

取药平和，常服养肾。邓老认为养肾药物必须选择那些药性平和的，最好是食疗为善。邓老较喜欢用的是枸杞、何首乌、肉苁蓉、灵芝、桑椹、蜂王浆、女贞子、山萸肉等。这些药物长期适量服用有一定养精保肾效果。

嗜欲耗精，龟欲固肾。邓老说越到晚年越发现，过度的欲望容易导致肾精的耗散。唯有在不断修养中克制欲望，才能使肾精充沛，达到寿而康的目的。

五、强身动为要

科学运动益于健康长寿。邓老认为“动则生阳”，阳气是人体生殖、生长、发育、衰老和死亡的决定因素。所谓“得阳者生，失阳者亡”。阳气越充足，人体越强壮。阳气不足，人就会生病。阳气完全耗尽，人就会死亡。邓老一生酷爱八段锦，每天上下午两次的八段锦练习，是他必做的功课。他还结合自身多年练习的经验，对传统的八段锦动作进行了改良，成为现时很受群众欢迎、简单易学的“邓铁涛八段锦”，整套动作柔和连绵，滑利流畅；有松有紧，动静相兼；简单易行，功效显著。

六、饮食有节，杂食不偏

邓老晚年被问得最多的问题是，平时吃什么能够长寿？他总是笑着说：“只有四个字，那就是‘杂食不偏’”。五行学说认为，万物分为五行，食物更不例外，日常生活中应当以五谷、五果、五畜、五菜合理搭配。邓老的日常食谱看似俭朴，却蕴含着养生的大道理。

1. 饮食清淡，注意营养

邓老日常饮食偏于清淡，注意营养，强调要容易消化和吸收。主食以米饭为本，每周有 1 ～ 2 顿杂粮，如番薯、芋头、山药、土豆、燕麦等。

2. 每日一杯奶

邓老有每天喝一杯牛奶的习惯。即使是工作晚归，也要在睡前补充一杯牛奶。他认为，牛奶具有补虚损、益肺胃、生津润肠及安神之功效。结合现代研究发现，常年喝奶还可以有效补充钙质，防止骨质疏松。

3. 每天一两颗核桃

邓老特别喜欢吃核桃，多年来，他每天都会吃上一两颗核桃。先将核桃肉放在小碗中，加少量水和盐，然后放在微波炉里加热 2 分钟，取出来晾 5 ~ 10 分钟后食用，松脆可口。

邓老说："核桃外形像大脑，有益智的作用，常食能增长智慧，保持大脑的记忆力。在加热核桃时加少量盐，既能当作增加食欲的小菜，还有保健的功效。咸能入肾，吃核桃让我感到最明显的作用是夜尿减少，次日早晨大便通畅。"

4. 每周吃鱼 3 ~ 4 次

鱼是邓老最常吃的肉类之一，任何一种鱼他都吃，但是邓老强调多用鲫鱼、草鱼和鳙鱼。

邓老说，鲫鱼有益气健脾、利水消肿、通络下乳等功能。对于肝硬化腹水患者，用鲜鲫鱼与赤小豆共煮汤服食有一定的食疗功效；而草鱼有暖胃和中的作用，是温中补虚的鱼类食品，脾胃虚寒者可多食用。

鳙鱼又叫大头鱼，其鱼头大而肥，肉质雪白细嫩。邓老喜欢吃大头鱼鱼鳃下边的肉，其肉呈透明的胶状。邓老说鱼鳃下边成胶状肉，不但口感好，易食用，没有骨刺，而且其胶质中富含胶原蛋白，能够延缓人体老化及修补身体组织细胞，有利于身体健康，延年益寿。邓老最爱喝的是大头鱼怀山猪横脷汤。食材用量：大头鱼 1 条，怀山药 15g，猪横脷 1 条，姜 3 片。制作方法：先将大头鱼洗干净，切成小块，抹少量盐在鱼的表面，下油锅，用中火煎至双面微黄色，放入怀山药和猪横脷，然后加开水，调大火煮 20 分钟，调味后放进焖烧锅，随时可以食用。

邓老说："猪横脷是猪的脾脏，有健脾胃、助消化、养肺润燥的功效，不温不燥，适合男女老少食用，怀山药健脾又养阴。"此汤营养价值高，对于消化功能不好和容易腹泻者尤为适用。

5. 瑶柱

邓老在日常饮食中也喜欢配一些瑶柱。家人平时将瑶柱先浸泡好，剪成丝状，蒸熟放在冰箱里，食用时可随时取出。瑶柱有滋阴降火的功效，平时容易口腔溃疡、牙龈肿胀、虚火上扰失眠者可适当选用瑶柱来煲汤、煲粥。邓老强调，瑶柱虽好，但高尿酸血症和痛风患者不宜多食。

邓老平时要外出坐长途车时，喜欢吃瑶柱鸡蛋炒饭。食材：米饭适量、瑶柱丝适量、鸡蛋适量、葱花适量。制作方法：先将米饭翻炒均匀，加瑶柱丝及鸡蛋，在起锅前加入葱花。

“杂食不偏”是邓老从中医经典和日常养生保健中总结出来的。邓老一日三餐定时、定量，坚持每餐七分饱，有时会吃些红枣，尽量做到营养均衡。

6. 五指毛桃

五指毛桃又称五爪龙，是岭南地区特有的药食同源之品。邓老认为五指毛桃益气补虚，功同黄芪，却不温不燥，药性温和，补而不峻，正合“少火生气”之意，尤益于虚不受补之患者，是岭南中草药中一味难得的佳品。

五指毛桃煲鸡。食材用量：五指毛桃 100g，鸡半只。制作方法：先将五指毛桃水煎半小时，去渣取汁，再与鸡一起煲 1 小时，调味即可食用。

7. 宜温不凉

饮食宜温不宜贪寒凉，方可养好脾胃。

七、坚持简便廉验养生术

邓老说：“养生保健并不是一门高深的学问，它就存在于我们的日常生活之中。”人的健康与长寿，是长年好习惯的积累，而不是一朝一夕养出来的。

1. 鸣天鼓、聪两耳、击枕处

鸣天鼓、聪两耳、击枕处是邓老每天必做的动作。

鸣天鼓。用手掌贴住耳孔，整只手搭在后脑勺上，食指和中指配合弹拨后脑勺，持续 50 次。

聪两耳。以双手食指插入双耳孔，先向前旋转，随即向后旋转，然后突然放手，持续 50 次。

击枕处。双手五指微屈曲，用食指、中指和无名指为主轻击后枕部，在玉枕穴和天柱穴之间来回，每天 50 次。

勤梳头。勤梳头也是邓老保持健康长寿、思维敏捷的一大法宝。邓老每天起床后梳头 100 次，既改善了大脑的血液循环，也锻炼了手臂的力量。邓老强调，梳头一定要选用牛角梳，牛角梳质地坚实，不易弯裂，不伤皮肤，不伤头发，有很好的护发效果。

2. 冷热水交替洗澡法

邓老在数十年的生活中，养成了用冷热水交替洗澡的习惯，他将这个方法称之为"血管体操"。邓老认为冷水能促进血管收缩，而热水能使血管扩张，冷热交替，血管一收一张，可以增加血管壁的弹性，减少血管壁上脂质的沉积，延缓血管硬化的发生。邓老强调，运用这个方法时，要因人因时而异，"冷热水"只是指在洗澡过程中保持一定的冷热温差，要以能接受为度，特别是对于年长的高血压患者，刚开始时温差不能太大，否则会出现意外，习惯之后再逐渐将温差稍为拉大。

3. 沐足疗百病

邓老擅用沐足来治疗疾病和养生保健。人体脚底有多个经络穴位，与五脏六腑相通，犹如树根。邓老认为"人的脚，犹如树的根。树枯根先竭，人老脚先衰"。脚对人体养生保健起着重要的作用。通过沐足，使得脚底经络气血运行，脏腑功能也得到改善，从而防病治病。

邓老从临床和日常保健中总结出了一条"邓氏沐足方"，具有养肾、疏肝、降压的功效，能很好地降低血压并改善头晕、头胀、胸闷和心慌的症状，对于高血压患者具有辅助治疗作用。每当血压波动较大时，邓老就喜欢用这个沐足方泡脚。

邓氏沐足方：怀牛膝 30g，川芎 30g，白芷 10g，钩藤 10g，夏枯草 10g，吴茱萸 10g，肉桂 10g。

原方中本来不是白芷，而是天麻，邓老说："天麻价格高，改为白芷，也有同样的效果。"

除了用中药煎汁泡脚外，睡前简单用热水沐足也有一定的保健功效，浴足的同时按摩脚底、脚趾和足踝等部位，可以促进气血运行，调节脏腑功能，缓解疲劳，强身健体。

4. 综合摇橹法治胃病

邓老的一生，无论是保健还是治病，都强调以脾胃为本。综合摇橹法对慢性胃炎、肠炎患者的康复治疗，疗效显著。邓老独创的综合摇橹法，选取了八段锦中的"调理脾胃需单举"及太极拳中的"云手"，结合民间渔民摇橹方法创制而成，在临床上观察胃肠病治疗，确实取得了很好的疗效，降低了胃肠病的复发率。

综合摇橹法第一式

八段锦中的"调理脾胃需单举"动作，共做 20 次，要求尽可能地做好双手的上下牵拉。

综合摇橹法第二式

太极拳中的“云手”动作，共做20个来回，要求以腰腹部为中轴，带动胳膊、手左右缓慢转动至极点。

综合摇橹法第三式

渔民摇橹的姿势，共做20次，要求以腰腹为中轴前后摆动。

主要是通过简单的3个动作，完成肢体的上下、左右、前后的全方位的运动，全部动作上起百会，下至会阴，有利于督脉畅通；以腰腹为轴心所做的旋转，有益于内脏器官的保健，上下肢的活动，以及重心的移动，可以增强气机，具有全面的锻炼效果。

5. 勤于用脑，延缓衰老

邓老数十年来坚持每天读书、看报，闲时写字，每日通过电台新闻关注国家大事和社会民生，时刻惦记着为中医药事业献计献策，大脑不停，笔耕不辍。

八、起居有常

邓老一日的作息表：

1. 早晨时段

7:00起床，饮一杯热开水。

梳头，左右手交替共100次。

自我保健按摩，做鸣天鼓、聪两耳、击枕处等动作。

在阳台做八段锦。

回房间量血压，做详细记录。

2. 上午时段

约8:30吃早餐，每天饮一杯牛奶。

早餐后看《广州日报》、看书、看杂志、写文章、写字、打电话。

接待来访者。

11:00喝热茶1小杯，约12:00吃午饭。

午餐后看报纸。

约13:00午休。

3. 下午时段

15:30起床，继续看书、看报，常看《光明日报》《中国中医药报》《参考消息》。

约 16:00 散步。

站桩 20 分钟，用电动按摩锤按摩 20 分钟（主要穴位是足三里、涌泉穴等）。

4. 晚上时段

约 18:00 吃晚餐。

晚餐后看电视新闻。

21:00 冷热水交替洗澡。

回房间量血压，做详细记录。

冬天睡前热水浴足。

“药物不是万能，必须注重养生，只有意志坚定，才能持之以恒，作息以时，娱乐适宜，浪费时间需痛改，健康无价，不要对不起自己。”这是邓老养生的座右铭。总结邓老的养生理念，无论是运动养生，还是日常饮食，他都能持之以恒，并特别注重拥有轻松、愉悦的心情。邓老的中医养生理念是其历经半个世纪的经验与人生领悟的总结及精华，值得学习与推广。

第三节　国医大师干祖望养生之道

干祖望（1912—2015），上海市金山区人（原江苏省金山县张堰镇），中医耳鼻喉学科的创始人之一。历任南京中医药大学教授、江苏省中医院主任医师；中华中医药学会耳鼻喉科分会主任委员、江苏省中医药学会耳鼻喉科专委会及江苏省中西医结合耳鼻喉科学会名誉主任等职。1985 年获江苏省人民政府“优秀教育工作者”称号，1991 年获国务院“发展我国医疗卫生事业做出突出贡献”特殊津贴及证书，2014 年，被授予“国医大师”荣誉称号。干老一生酷爱读书、藏书、教书、写书，人称“四书”老人。

一、任真——中医养生之道的灵魂

晚唐大诗人李商隐曾作《赠荷花》一首：“世间花叶不相伦，花入金盆叶作尘。惟有绿荷红菡萏，卷舒开合任天真。此花此叶常相映，翠减红衰愁杀人。”这首诗中提到的“任天真”，即是中国传统中医养生的精髓。

《庄子·渔父》曰：“真者，所以受于天也。”任天真的意思即“任真”，也即道家所谓的"顺其自然"，这是中医养生之道的灵魂，其他一切具体想法和做法，都是在这个指导思想下开展、行动、深入、完成的。无视这个明确的指导思想而盲目地养生保健，收效甚微，甚至对健康适得其反。

真，是天真，是天然的真趣，是天然的生命力，是天赋的一种生机，是与生俱来的。一生下来，就具有了这个真，我们会哭会笑，吃了饭就能长大，长大以后就可以结婚生子，这一切都是自然而然的，是大自然赋予我们的。凡一切有生命的东西，有了真，即能生存；失去真，必然死亡。因此，治病必求于本，养生务必顺其自然。

唐朝有个大文人，叫颜师古，他在注《汉书·扬王孙传》中"以反我真"这句话的时候说："真者，自然之道也。"用现代汉语来解释，真就是原本的自我，就是没有经过人工雕琢的天然之品，是自然而然的，是人与生俱来的一种生命状态。

至于是谁把"真"和"任"联系起来的，是唐代孙思邈的"以任天真"，其"任真"的含义是指日常生活中除了工作及嗜好之外的一切，都要随之、任之，顺其自然发展、生长。

任真就是要重新发现自我原始的生命活力，寻找那些本来属于我们的最真的原本。找到以后，要千方百计保持住，就是任真，就是顺其自然。

人，本来就有天赋的生长、发育、生存的本能，比如人有抵御外邪的能力，有自我修复的能力。

明白了这一点，我们就要讲究任真，好好保护身体里的真气，利用这个本能，使其充分发挥作用。让身心尽量不被人为的、主观的意志所干扰，更防止自身的身心被像栽培盆景那样加工摆布，完全失去纯真自我，从而走到"任真"的反面。

"任真"就是不能把原本纯洁的思想扭曲，在机体方面更不能一会儿左，一会儿右，一会儿吃补品，一会儿吃减肥药，人为地把身体东矫西纠。在生活中，我们要努力恢复过去的自我，返璞归真、返老还童，把不良的心态去除，把不对的、违背自然的生活习惯和方式都改掉。

1. 我命在我不在天

人的寿命固然受到许多外在和内在的条件制约，比如中医说的先天禀赋的作用是比较大的（西医多称之为遗传因素）。如果父母身体都很好，没有遗传疾病，将来孩子出生以后，身体必然比较强健，也比较长寿。但先天因素只是长寿的一个小因素，后天的保养更为重要，只要学会养生保健，人的寿命是可以在一定条件下提高的。

2. 养生要讲究科学

中医养生是要讲究科学的，更要遵循规律。

普通人学习养生保健需要懂得一些基本知识，这些养生知识既包括中医传统养生经验，也包括中国传统儒家、道家、佛家的一些养生经验。

3. 高度重视中医养生的经验

中医养生保健有几千年的传统，积累了极其丰富的养生保健知识。

中医的传统就是辨证论治，放在养生上面，就是辨证养生。这是什么意思呢？就是说，各人要根据自己的身体情况、经济状况、有无疾病、环境状况等，因人、因时、因地开展养生保健。

二、养身先养心，两者不可分

养生之道，必须心身并养，且养心要重于养身。人活一颗心，养心是保养身体的前提；心理影响生理——“仁者寿”；乐观的心态是好身体的奠基石；不养心，再多的补品也起不了作用。唐朝有个大医学家叫孙思邈，他提出了一个养心保健的方法，并身体力行，值得我们铭记心中：“德不克，纵服玉液金丹，未能延年。”这里的“德”，除了指道德、品德之外，更可作为“人的自然禀性”来领会；“克”，是克己，意思是能够克制自己的私欲，约束自己；“德不克”就是“你对自己本身的自然本性没有约束”，也就是思想道德还没养好，心理素质有问题。在现代来看，就是强调了保养心理健康的重要性；看淡放下笑一笑，控制脾气与情绪。

三、健康跟着想法走，注意“三个不要想”

第一不想病，思想包袱要扔掉；第二不想老，忘记年龄快乐多；第三不想为儿女谋福利、多操心，儿孙自有儿孙福。

四、善待自己，力除“四害”

烟是绊住健康的毒草，必须戒绝；酒的罪大于功，能不饮则不饮；不要让赌博毁了美好人生；天人合一，日入而息，午睡扰乱身体节律。

五、五大养生误区，要坚决走出去

第一误：进补就是养生，保健品多多益善；第二误：有病首先考虑虚，补一补总没害处；第三误：过分迷信医药，健康全靠医生；第四误：追求舒适享受，认为条件好就能长寿；第五误：狂欢尽兴，过分追求快乐。

六、六事不沾边，人生乐逍遥

不卷入无意义的漩涡，无聊的争议浪费生命，远离口舌是非；不赶大潮不跟风，安分守已有主见；不贪便宜，莫要得不偿失——贪便宜的同时，寿命已打折扣；不骄不娇，“骄”和“娇”，养生两把刀；不与人攀比，攀比让人活得累，心平气和天地宽；不做违心事，心中坦然体安康。

七、七件益寿好事，要持之以恒

· 打抱不平，可长养浩然正气。

· 旅游赶节聊天漫谈，可动静结合，怡情养性。

· 品上等好茶，听有益音乐，可舒畅身心。

· 多站多走多爬楼，利于保持腿脚不衰老。

· 买书、藏书、读书、教书、写书，可使大脑越动越年轻。读书可以让人心气内敛，凝神静气，有益内在修养。千老一生节俭，最大的爱好就是藏书和读书，他把大部分节省下来的钱都花在购书上了。并曾写下“人瘦因工作，家贫为买书”的对联，得了一个“书痴”的雅号。他把自己的书房命名为“茧斋”，意思是说，书房小得如蚕茧一般大小，书房四周都是书，如同茧壳；自己在书房中读书、著书，如同蚕一样在吐丝做茧。

· 热爱劳动，劳动是最好的健身运动。

· 平淡中生活，平淡之中有真味。

八、童心、龟欲、蚁食、猴行——八字真经抗衰老

干老的长寿经验可以浓缩成八个字：童心、龟欲、蚁食、猴行。童心，就是说要像天真无邪的孩童一样，没有太多的贪心、嫉妒心、妄想和烦恼，始终保持着一颗纯粹健康、乐观向上的赤子之心；龟欲，就是没有过多的贪欲和要求；蚁食，就是饮食不挑剔好劣，不贪嘴，以少为宜，以杂为宜；猴行，就是不贪懒，多多劳动，活动筋骨。

细细体会"童心、龟欲、蚁食、猴行"这八个字，必须结合实际情况，活学活用才行。

蚁食与猴行，是养身；童心与龟欲，是养心，身心双养，才能算得上一套完整的养生方法。而且以养心为重，因为思想是指导一切行动的。

从另一个角度分析，童心与龟欲为养心，所以力求淡泊；猴行与蚁食为养身，所以力求振奋。机体尽量振奋，对精神上的淡泊毫无影响，终产物还是淡泊。淡泊是任真的表现，任真是淡泊的基础，也即"一而二，二而一"。

主要参考文献

[1] 中国疾病预防控制中心 . 全民健康生活方式行动国家行动办公室编 . 健康加减法：三减三健核心信息 [M]. 北京：中国人口出版社，2019.

[2] 中国疾病预防控制中心 . 全民健康生活方式行动国家行动办公室编 . 健康生活幸福相伴：三减三健核心信息：2017 年修订 [M]. 北京：中国人口出版社，2019.

[3] 中国健康教育中心 . 中国青少年健康教育核心信息及释义 :2018 版 [M]. 北京：人民卫生出版社，2018.

[4] 葛可佑 . 中国居民膳食指南：精编版 [M]. 北京：人民出版社，2011.

[5] 庞保珍，庞清洋 . 中小学生健康指南 [M]. 北京：中医古籍出版社，2021.

[6] 庞保珍 . 健康长寿学 [M]. 聊城：聊城市新闻出版局，2005.

[7] 庞保珍，赵焕云 . 不孕不育中医治疗学 [M]. 北京：人民军医出版社，2008.

[8] 庞保珍，庞清洋，赵焕云 . 不孕不育中医外治法 [M]. 北京：人民军医出版社，2009.

[9] 庞保珍 . 不孕不育名方精选 [M]. 北京：人民军医出版社，2011.

[10] 庞保珍 . 饮食养生之道 [M]. 北京：中医古籍出版社，2012.

[11] 庞保珍 . 男性健康之道 [M]. 北京：中医古籍出版社，2012.

[12] 庞保珍 . 放松心情之道 [M]. 北京：中医古籍出版社，2012.

[13] 庞保珍 . 性功能障碍防治精华 [M]. 北京：人民军医出版社，2012.

[14] 李淑玲，庞保珍 . 中西医临床生殖医学 [M]. 北京：中医古籍出版社，2013.

[15] 曹开镛，庞保珍 . 中医男科病证诊断与疗效评价标准 [M]. 北京：人民卫生出版社，2013.

[16] 庞保珍，庞清洋 . 健康长寿之路 [M]. 北京：中医古籍出版社，2015.

[17] 庞保珍，庞清洋 . 女性健康漂亮的智慧 [M]. 北京：中医古籍出版社，2015.

[18] 庞保珍，庞清洋 . 战胜不孕不育的智慧 [M]. 北京：中医古籍出版社，2015.

[19] 庞保珍 . 生活起居中的健康科学 ——远离癌症、糖尿病、心脑血管疾病 [M]. 北京：人民卫生出版社，2015.

[20] 庞保珍 . 不孕不育治疗名方验方 [M]. 北京：人民卫生出版社，2015.

[21] 庞保珍 . 优生优育 —— 生男生女好方法 [M]. 北京：中医古籍出版社，2016.

[22] 庞保珍，庞清洋 . 健康之路 ——《国家基本公共卫生服务规范》健康教育解读 [M]. 郑州：河南科学技术出版社，2017.

[23] 孙自学，庞保珍 . 中医生殖医学 [M]. 北京：人民卫生出版社，2017.

[24] 庞保珍，郭兴萍，庞清洋 . 实用中西医生殖医学 [M]. 北京：中医古籍出版社，2019.

[25] 庞保珍，庞清洋 . 不孕不育名方精选 .2 版 [M]. 郑州：河南科学技术出版社，2019.

[26] 庞保珍，庞清洋 . 不孕不育中医治疗学 .2 版 [M]. 郑州：河南科学技术出版社，2019.

[27] 玄绪军，庞保珍 . 男性健康指南 [M]. 北京：人民卫生出版社，2019.

[28] 庞保珍，庞清洋，郭兴萍 . 推拿入门 [M]. 北京：金盾出版社，2020.

[29] 庞保珍，庞清洋 . 走好养生旅游路 [M]. 北京：中医古籍出版社，2020.

[30] 庞保珍，庞清洋 . 实用中医生殖医学 [M]. 郑州：河南科学技术出版社，2021.

[31] 庞保珍，庞清洋，郭兴萍 . 艾灸入门 [M]. 北京：金盾出版社，2022.

[32] 庞保珍，庞清洋，郭兴萍 . 拔罐入门 [M]. 北京：金盾出版社，2023.

[33][美] 霍金斯 . 李楠译 . 意念力 [M]. 北京：光明日报出版社，2014.

[34][美] 拿破仑 . 希尔，克里曼特 . 斯通 . 李润生，李海宁译 . 人人都能成功 [M]. 武汉：湖北人民出版社，1996.

[35] 马烈光，蒋力生 . 中医养生学 .3 版 [M]. 北京：中国中医药出版社，2016.

[36] 马烈光 . 马烈光养生心悟 [M]. 北京：人民卫生出版社，2016.

[37] 孙曙青 . 家庭应急救护小手册 .2 版 [M]. 杭州：浙江大学出版社，2005.

[38] 翁维健 . 中医饮食营养学 [M]. 上海：上海科学技术出版社，1992.

[39] 黄承钰 . 医学营养学 [M]. 北京：人民卫生出版社，2004.

[40] 黄吉武 . 预防医学 [M]. 北京：人民卫生出版社，2004.

[41] 孙贵范 . 预防医学 [M]. 北京：人民卫生出版社，2005.

[42] 葛可佑 . 中国营养师培训教材 [M]. 北京：人民卫生出版社，2005.

[43] 杨月欣 . 中国食物成分表 2004[M]. 北京：北京大学医学出版社，2005.

[44] 中华人民共和国卫生部 . 中国公民健康素养 —— 基本知识与技能释义 [M]. 北京：

人民卫生出版社，2008.

[45] 中华人民共和国卫生部 . 健康 66 条 ——中国公民健康素养读本 [M]. 北京：人民卫生出版社，2008.

[46] 谭兴贵 . 中医药膳与食疗 [M]. 北京：中国中医药出版社，2009.

[47] 郭姣 . 中医营养治疗学 [M]. 北京：人民卫生出版社，2009.

[48] 中国营养学会 . 中国居民膳食指南 [M]. 拉萨：西藏人民出版社，2010.

[49] 赵霖 . 平衡膳食健康忠告 .3 版 [M]. 北京：人民卫生出版社，2011.

[50] 卫生部疾病预防控制局，中国疾病预防控制中心 . 健康生活方式核心信息 . 第一册 [M]. 北京：人民卫生出版社，2011.

[51] 卫生部疾病预防控制局，中国疾病预防控制中心 . 健康生活方式核心信息 . 第二册 [M]. 北京：人民卫生出版社，2011.

[52] 郭冀珍 . 控制高血压 , 享受美好人生 .3 版 [M]. 北京：人民卫生出版社，2011.

[53] 秦怀金 . 国家基本公共卫生服务项目 100 问 [M]. 北京：人民卫生出版社，2012.

[54] 马骁 . 健康教育学 .2 版 [M]. 北京：人民卫生出版社，2012.

[55] 李兰娟，任红 . 传染病学 .8 版 [M]. 北京：人民卫生出版社，2013.

[56] 谭兴贵，谭楣，邓沂 . 中国食物药用大典 [M]. 西安：西安交通大学出版社，2013.

[57] 郑集 . 不老的智慧 ——世界最长寿教授的超简单健康法 .2 版 [M]. 成都：四川出版集团 . 四川辞书出版社，2010.

[58] 郑集 . 最好的医生是养生 ——111 岁养生大师谈健身 [M]. 南京：凤凰出版传媒集团 . 江苏教育出版社，2010.

[59] 陈瑞芳 . 国医大师邓铁涛康寿之道 .2 版 [M]. 广州：广东科技出版社，2021.

[60] 干祖望 . 童心 龟欲 蚁食 猴行：百岁儒医干祖望的养生精华 [M]. 南京：江苏科学技术出版社，2012.

[61] 干祖望 . 童心 · 龟欲 · 蚁食 · 猴行 ——名老中医干祖望养生之道 [M]. 南京：东南大学出版社，2001.